ROBIN FEDDEN

Ägypten

ROBIN FEDDEN

Ägypten

Fünftausend Jahre Niltal

PRESTEL VERLAG
MÜNCHEN

Die Originalausgabe dieses Buches
erschien unter dem Titel ›Egypt, Land of the Valley‹
1977 bei John Murray in London

Die Übersetzung besorgte Eva Eggebrecht

4. Auflage 1989
Passavia Druckerei GmbH Passau
ISBN 3-7913-0443-7

Für Susan

Inhalt

Anhang

ERSTES KAPITEL

Das Land und der Reisende

Vor vielen Jahrhunderten ließ sich das Orakel des Jupiter-Ammon in seiner Oase in der Sahara vernehmen und verkündete, daß »Ägypten jener Teil des Landes (sei), den der Nil überflutet und bewässert, und die Ägypter jene Menschen, die unterhalb von Elephantine leben und das Wasser dieses Flusses trinken«. Obwohl diese Beschreibung nicht ganz zutrifft, ist sie amüsant und verbindet in richtiger Erkenntnis Ägypten und die Ägypter unlösbar mit dem Nil. Der Nilschlamm hat das Delta dem Meere weggenommen und damit zwei Drittel des bebaubaren Bodens geschaffen. Bei Messungen der Meerestiefe ziehen Segler heute noch fast eine Tagereise von der Küste entfernt nicht den zu erwartenden Kieselsand an ihrer Leine nach oben, sondern schwarzen Nilschlamm: Das Land, nach dem die Segel gesetzt sind, kündigt sich gleichsam symbolisch mit dieser Ablagerung auf dem Meeresboden an. Der Nil bestimmt das Leben Ägyptens, ihm kann sich niemand entziehen. Wenngleich ein Neuling unter den großen Strömen der Welt, der sich seinen Weg durch unendlich viel ältere Hügel und Ebenen bahnte, übt er doch mehr Einfluß aus auf das Leben von mehr Menschen als etwa Amazonas und Mississippi, die, geologisch gesehen, weitaus älter sind. Dieser einzigartige Strom bildet die wichtigste Quelle für die Existenz von fast vierzig Millionen Menschen. Jahrtausendelang waren Leben und Tod, Zeiten der Fülle oder des Hungers bestimmt vom Maß seiner Fluten. Die Zahl der Verbrechen stieg oder sank jeweils im umgekehrten Verhältnis zur Fülle des Wassers, und als Folge von Regenfällen in Äthiopien erblühten die Tugenden. Von den Beduinen, die aus der Wüste heranziehen, um an den Rändern des Fruchtlandes ihre Existenz zu stützen, bis zu den Händlern des ägyptischen Baumwollmarktes, alle hängen gleichermaßen von diesem Strome ab.

In alter Zeit hatte der Nil seinen Platz unter den Göttern, und das jährliche Anschwellen des Stromes wurde nach der Legende von den Tränen der Isis bewirkt, die um Osiris weint. Der Nil galt als Ursprung des Lebens, aus seinem Schlamm entstanden Insekten, Vögel, Vieh und Menschen. Noch heute reicht man als letzte rituelle Handlung einem sterbenden Moslem in Ägypten einen Trank Nilwasser. Der Nil begleitet die Menschen von der Geburt bis in den Tod.

Dennoch ist Ägypten nicht mit dem Nil allein gleichzusetzen. Das Land mit der ihm eigenen Ausstrahlung und seinen eindrucksvollen Werken ist das Ergebnis der unzertrennlichen Verbindung von zwei Faktoren: dem Strom und den Menschen, die an seinen Ufern leben und arbeiten. Nur aus der unermüdlichen Arbeit der Fellachen, die ein ebenso wesentliches Element darstellen wie der Nil, sind die fünftausend Jahre der Geschichte dieses Landes zu erklären. Aus dem Zusammengehen beider und ihrer wechselvollen Kontakte zur Außenwelt entstand Ägypten von Assuan bis zum Meer. Sie formten die Landschaft mit den Gräbern und Pyramiden am Rande des Fruchtlandes, sie drücken allem den Stempel des typisch Ägyptischen auf, schwer zu benennen und dennoch stets wahrnehmbar. Sie bewirken den Unterschied zwischen den Moscheen von Kairo und denen von Isfahan, durch sie verläuft der Kettfaden im Gewebe anders, sie verwandeln die Philosophie Platons in die Spekulationen eines Plotinos.

Fremde kamen zu diesem Volk und in diese Landschaft: die einen, um Reichtum und Macht zu erwerben, andere, um Dynastien zu gründen oder Handel zu treiben. Sie alle aber bezahlten ihren Preis: sie verloren ihre Identität, wurden aufgesogen von denen, die sie erobert oder ausgebeutet haben. Die vielen griechischen Soldaten, die der freigiebige Ptolemaios im Fayum ansiedelte, haben keine Spuren hinterlassen. Weder in den Sitten noch in den Gesichtszügen der Fayumbewohner läßt sich Ägäisches wahrnehmen. Die Libyer, die dem Land eine Dynastie von Wüstenherrschern gaben, die Ptolemäer, die ihm Lebensart brachten und selbst die Araber, die ihm einen neuen Glauben bescherten: wie alle übrigen Eindringlinge sind sie ethnisch längst vergessen. Steinchen gleich, die

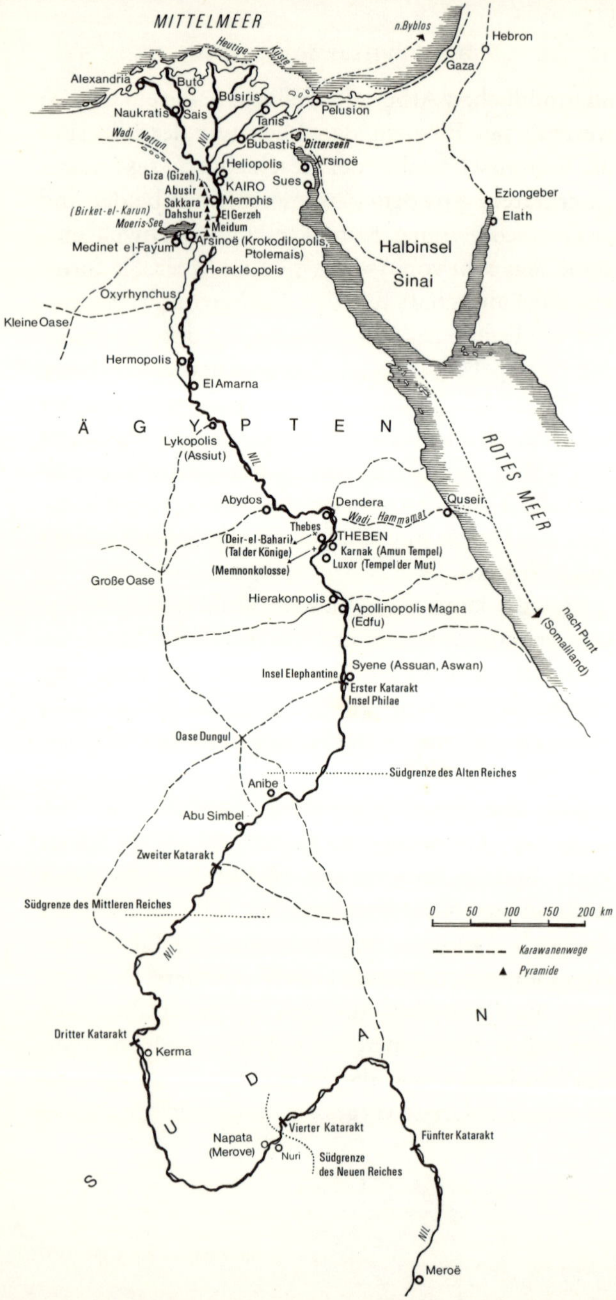

MITTELMEER
Heutige Küste
n. Byblos
Hebron
Gaza
Alexandria
Buto
Busiris
Naukratis
Sais
Tanis
Pelusion
Wadi Natrun
NIL
Bubastis
Bitterseen
Heliopolis
Arsinoë
Giza (Gizeh)
Sues
Abusir
KAIRO
Sakkara
Memphis
Dahshur
El Gerzeh
(Birket-el-Karun)
Moeris-See
Meidum
Eziongeber
Elath
Medinet el-Fayum
Arsinoë (Krokodilopolis, Ptolemais)
Halbinsel Sinai
Herakleopolis
Oxyrhynchus
Kleine Oase
Hermopolis
El Amarna
Ä G Y P T E N
Lykopolis (Assiut)
ROTES MEER
Abydos
Dendera
Quseir
Wadi Hammamat
Thebes
THEBEN
(Deir-el-Bahari)
(Tal der Könige)
Karnak (Amun Tempel)
(Memnonkolosse)
Luxor (Tempel der Mut)
Große Oase
Hierakonpolis
Apollinopolis Magna (Edfu)
nach Punt (Somaliland)
Syene (Assuan, Aswan)
Insel Elephantine
Erster Katarakt
Insel Philae
Oase Dungul
Südgrenze des Alten Reiches
Anibe
Abu Simbel
Zweiter Katarakt
Südgrenze des Mittleren Reiches
0 50 100 150 200 km
Karawanenwege
Pyramide
Dritter Katarakt
Kerma
S U D A N
Vierter Katarakt
Napata (Merove)
Nuri
Südgrenze des Neuen Reiches
Fünfter Katarakt
Meroë

man in einen See wirft, haben sie nur die Oberfläche gekräuselt. Gedankenanstöße, die heute per Flugzeug und Schiff Ägypten erreichen, einst mittels Trireme und Dhow an den Nil kamen, verlieren ihre Brisanz. Entstellt oder verbessert, werden sie bald unkenntlich, die angestammte Denkweise setzt sich durch. Nacheinander sind die Fremden mit ihren Herrschaftsansprüchen vorübergezogen, die Erinnerung an sie lebt nur mehr fort in Form von steinernen Denkmälern, denen die Ägypter keine Beachtung schenken. Ähnlich den riesigen Vogelschwärmen, die über das Niltal hinweg in den unbekannten tropischen Süden ziehen, hinterlassen die Fremden ein im Grunde unverändertes Land. Ägypten hat sich stets dagegen gewehrt, etwas anderes als Ägypten zu sein – das mußte bereits Herodot feststellen.

Die herrschende Schicht der Gesellschaft mag sich verändern, mögen Pharao, Kalif, Pascha oder Premierminister fremde Moden einführen: die charakteristischen Eigenheiten Ägyptens bleiben stets unangefochten erhalten. So erklärt sich der fühlbare Wesenszug von Stetigkeit und Dauer. Diese Kontinuität verbindet den in Ruinen liegenden Tempel mit den Abkömmlingen der Fellachen, die ihn einst aufbauten. Die Hinterlassenschaft des antiken wie des mittelalterlichen Ägypten ist Zeuge einer zeitlosen Existenz, heute wie damals Ergebnis des Zusammenwirkens von Fluß und Menschen, die an seinen Ufern leben.

Doch wenn Ptolemäer und Kalifen, Türken und

Engländer auch verschwanden, Reisende hat es immer gegeben. Die Griechen gingen darin voran. Ein Schwarm von Touristen, die ihre ägäische Neugier befriedigten, ergoß sich über das Land. Etwas später kamen die Römer, um die berühmten Stätten zu besichtigen und ihre Namen in den Stein der Denkmäler einzuritzen. Im Mittelalter dachte von Suchem über »die kleinen grünen Halsbandsittiche am Nil« nach, und Antoninus der Märtyrer pilgerte ehrfurchtsvoll zu den Gräbern der alexandrinischen Heiligen. Der erste uns namentlich bekannte Besucher von den Britischen Inseln war wohl Pelagius, der um 400 n. Chr. Ägypten bereiste. Er verkündete eine anziehende Doktrin, die sich am besten in dem lapidaren Satz zusammenfassen läßt: »Wenn ich soll, dann kann ich.« So kühnes Vertrauen auf den freien Willen, ließ wenig Raum für die göttliche Gnade und Pelagius geriet unter die Häretiker. In den folgenden Jahrhunderten kamen mit Zunahme des Pilgerverkehrs nach Jerusalem weitere Engländer auch nach Ägypten. Aus dem 14. Jahrhundert kennen wir mindestens zwei, die der alten Verehrungsstätte des Christentums, der Kirche von Abu Sarga in Kairo, einen Besuch abstatteten. Mit weniger unschuldigen Absichten dagegen landeten englische Kreuzfahrer an der Küste Ägyptens. Bei der Belagerung von Damiette im Jahre 1218 war es der Earl of Chester, der »sich glänzend bewährte vor allen anderen«, und bei der Plünderung Alexandrias 1365 überstieg ein Schotte als erster die Stadtmauer.

Aber erst mit der Gründung der Levante Company 1581 – nur eines der Beispiele für den maritimen Wagemut und das kühne kommerzielle Unternehmertum des Elisabethanischen Zeitalters – und der darauf folgenden Einrichtung eines Konsulats in Kairo wurde Ägypten für den Reisenden aus England verhältnismäßig leicht zugänglich. In dem Jahr, da Shakespeare sich nach Stratford zurückzog, bestieg der Dichter George Sandys die Große Pyramide, und John Greaves, später Professor für Astronomie in Oxford, vermaß in den dreißiger Jahren des 17. Jahrhunderts bereits die Pyramiden. Der Reisebericht Sandys' erreichte neun Auflagen. Noch vor dem Ausgang des 17. Jahrhunderts hatten einige Dutzend Engländer Beschreibungen von Kairo und Alexandria veröffentlicht. Nicht mehr lange und Ägypten gehörte zum erweiterten Programm der ›Grand Tour‹. Im Jahre 1738 ankerte die Privatjacht des Earl of Sandwich im Hafen von Alexandria, etwa zur gleichen Zeit, als Richard Pococke, bewundert von Gibbon wegen seines »überragenden Wissens und seiner Würde«, bereits den Tempel von Philae jenseits des Ersten Kataraktes besuchte. Ende des 18. Jahrhunderts hatten sich mehr als zwanzig Engländer an der Großen Pyramide verewigt. Was später die ›Wintersaison‹ genannt werden sollte, war in Sicht.

Reisende fühlen sich als freie Menschen: Sie gehören weder einer bestimmten Gesellschaftsschicht noch einer bestimmten Generation an; keine Routine legt ihnen Fesseln an, sie sind den ewig vertrauten Gesichtern und Plätzen entkommen. Der Reisende lebt in der Illusion, von der Zeit losgelöst zu sein. Sein Bewußtsein weitet sich, überspannt Jahrhunderte. Manche Länder vermitteln dieses Gefühl stärker als andere. Ägypten jedoch mit der außerordentlich langen Zeitspanne seiner Geschichte und seinen schicksalshaften Kontrasten ruft dieses Gefühl in ganz besonderem Maße hervor. Zweitausend Jahre und mehr war dieses Land das Ziel von Reisenden.

In der zweiten Hälfte des 19. Jahrhunderts, zur Zeit der Khediven, verbanden sich Romantik und Komfort auf eine Weise wie nie zuvor und wie es nie wieder sein wird. Selbst der einfachste Ägyptenreisende konnte Krokodile erlegen und mit Mumien beladen zurückkehren. Leute von Stand aber, mit den entsprechenden Empfehlungsschreiben versehen, dinierten mit untergeschlagenen Beinen von türkischem Luxus umgeben, veranstalteten Picknicks mit goldenen Tellern neben der Sphinx und erfreuten sich an barfüßigen Pferdeknechten in rotem Samt, die vor ihren Wagen herliefen. Die Gastgeber machten dem begeisterten Amateurägyptologen die Freude, ein Grab zu entdecken, dessen ›Entdeckung‹ mit orientalischer Gastfreundschaft für die Nacht vorbereitet wurde. Wenige Besucher aber werden auf ähnlich luxuriöse Weise gereist sein wie der Prinz und die Prinzessin von Wales im Jahre 1869. Als Gäste des Khediven Ismail verließen sie am 6. Februar Kairo. In ihrem Gefolge befand sich u. a. Sir Samuel Baker, der unter weniger komfortablen Umständen die Quelle des Nils entdeckt hatte. In sechs blaugoldenen Dampfern, deren Innendekoration das Thema ›Antonius und Kleopatra‹ variierte, fuhr man nilaufwärts. Im Schlepp eines jeden Dampfers hing eine Barke mit »Annehmlichkeiten und Notwendigkeiten, darunter vier Reitpferden und einem milchweißen Esel für die Prinzessin; dreitausend Flaschen Champagner und viertausend Flaschen Rotwein; vier französischen Köchen und einer Wäscherei[1]«. Als das königliche Paar Mitte März aus Oberägypten zurückkehrte, befanden sich im Gepäck nicht weniger als »zweiunddreißig Mumiensärge, ein großer Sarkophag und ein zehnjähriger schokoladenbrauner Waisenknabe namens Ali Achmet«. Der Knabe servierte später in Eingeborenentracht den Kaffee in Sandringham.

Obwohl heute kaum mehr Zeit und Geld vorhanden sind, um auf einer privaten Dahabieh eine Reise voll Muße nach Nubien zu unternehmen, hat doch auch das ausgehende 20. Jahrhundert seine Vorteile. Die Beamten in Suez beziehen ihr Trinkwasser nicht mehr wie einst per Schiff aus Indien, und der Kaviar wird mit dem Flugzeug eingeflogen. Wenn auch nicht mehr mit untergeschlagenen Beinen von goldenen Tellern diniert wird, so haben sich dafür doch die Abwasserinstallationen verbessert. Wen die sterile, unpersönliche Atmosphäre der Wolkenkratzerhotels nicht stört, der findet davon einige vor, und die ägyptischen Diener gehören immer noch zu den freundlichsten und fähigsten auf der ganzen Welt. Die Beförderung läßt sich schnell und einfach bewerkstelligen; denn das Flugzeug braucht nur wenige Stunden vom Delta bis in den Sudan. Das 20. Jahrhundert bietet fünftausend Jahre Geschichte mit einem Minimum an Anstrengung und Unbequemlichkeit.

Alles übrige hängt – wie das schon immer war – vom Geschmack und von der Intelligenz des Reisenden ab. Er kann jede Gegend verschönern oder verderben. So ließ einst ein Gentleman auf der Hochzeitsreise im Tempel von Karnak ein prächtiges Feuerwerk für seine Braut abbrennen. Die Hofdame der Prinzessin von Wales dagegen notierte über den gleichen Ort in ihrem Tagebuch: »... habe noch einen alten Tempel gesehen, an dessen Namen ich mich nicht genau erinnere.« Wer so denkt, sollte lieber zu Hause bleiben. Für die anderen aber wird jeder Tag in Ägypten Erlebnisse bereit halten, die unvergeßlich bleiben. Das Land wird sich jedem einprägen, wie es sich vielen vordem eingeprägt hat. Die Schönheit der Natur und der tiefe Rückblick in die Geschichte werden Staunen hervorrufen und die Reiseberichte kaum von denen abweichen, die schon Bonaparte's Phantasie bewegt haben. Wer einmal gesehen hat, wie die Sonne am frühen Morgen den Dunst über dem Nil auflöst, wer die Gesänge der Bootsleute gehört hat, wer im Schatten der Memnonskolosse gestanden hat und im Totentempel der Hatschepsut umhergestreift ist, wer die Abenddämmerung an den Kalifengräbern und die Wüste im Mondschein erlebt hat, wird zweifellos einem Ausspruch zustimmen, den ein Engländer vor 350 Jahren tat: »Oh Herrscher der Ströme, wunderbarstes der Länder.«

ZWEITES KAPITEL

Die organisierte Oase

Schwerlich konnten Geographie und Klima ein ungewöhnlicheres Land hervorbringen. Ägypten bildet ein ungefähres Rechteck mit dem kleinen Anhängsel Sinai und umfaßt etwas über eine Million Quadratkilometer Land, davon nicht mehr als drei bis vier Prozent landwirtschaftlich nutzbar. Die Kultivierung beschränkt sich auf das schmale, fruchtbare Niltal und das Delta, jenes üppige Dreieck zwischen Kairo und dem Mittelmeer. Die Entfernung vom Ersten Katarakt in Assuan bis zur Deltaspitze beträgt 730 Kilometer, von dort bis zur Meeresküste weitere 160 Kilometer, die Küstenlinie ist nur 245 Kilometer breit. Dieser kleine Anteil grünen Landes – Niltal und Delta wurden nach alter Tradition mit einer Lotosblüte auf dem Stengel verglichen – ernährt in drangvoller Enge eine Bevölkerung von nahezu 40 Millionen. In Unterschied dazu leben in den Wüstengebieten, – von den alten Ägyptern wurde die Wüste die ›Rote‹ genannt im Gegensatz zum ›Schwarzen‹, dem fruchtbaren Nilschlamm, – auf 965 000 Morgen Land nur 300000 Menschen. Das war nicht immer so. In grauer Vorzeit bildete das Niltal ein dschungelartiges Sumpfgebiet und große Teile des Deltas, die erst später vom Nil angeschwemmt wurden, lagen noch unter der Meeresoberfläche. Die Vorfahren der alten Ägypter bewohnten die Plateaus, die damals Savannencharakter ähnlich dem ostafrikanischen Hochland hatten, mit Elephanten, Büffeln, Zebras und Wildeseln. An den Rändern des heutigen Großen Sandmeeres westlich von Kairo gibt es zahllose versteinerte Bäume, die Zeugnis davon ablegen, daß hier einmal Wälder gestanden haben. Eine Periode langsamer, aber stetiger erbarmungsloser Austrocknung verwandelte die Plateaus in Wüsten, und die Savannenbewohner sahen sich zum ersten Mal bedroht. Sie nahmen die Herausforderung tapfer an, indem sie sich ins Niltal zurückzogen, anfangs sicher nicht ohne Furcht und Zögern. Die Altägyptische Kultur war schließlich ihr Lohn. Nach und nach rodeten sie, be- und entwässerten das Land und bebauten Niltal und Delta. Im 5. Jahrtausend v. Chr. legten sie bereits Dreschböden und Speicher für Emmerweizen und Gerste an und fertigten grobe Leinengewebe. Im vierten vorchristlichen Jahrtausend dann formten sie wohlgebildete Steingefäße und bemalte Keramik, setzten Goldgruben und Alabastersteinbrüche in der östlichen Wüste in Gang und erfanden eine noch etwas simple Hieroglyphenschrift. Um 3000 v. Chr. wurden Niltal und Delta zu einem Königreich vereinigt, und so begann die lange Geschichte der Dynastien[2]. Dieses Königreich erhielt eine spezielle Ausprägung, weil es viele charakteristische

Eigenheiten einer Oase aufzuweisen hatte: der fruchtbare grüne Boden flankiert von Wüsten, von Nubien getrennt durch zehn Kilometer Kataraktengebiet, zum Mittelmeer abgegrenzt durch eine Seenkette – Mareotis, Idku, Burullus und Mansala – mit undurchdringlichen Sümpfen. Noch im ersten nachchristlichen Jahrhundert bezog Rom aus den Deltamarschen die Nilpferde für seine Zirkusspiele. Das Land hatte aber auch Oasencharakter insofern, als es sich dem Menschen außerordentlich geneigt zeigte: Dattel- und Dumpalme vermehrten sich üppig, Flachs, Hirse, Linsen, Lauch, Zwiebeln, Feigen und Melonen gediehen bestens. Obwohl der Olivenbaum hier nicht heimisch wurde, lieferten Sesamsamen und Rhizinus Öl für die Menschen. Schon im 3. vorchristlichen Jahrtausend kamen verschiedene Weine, wahrscheinlich aus Syrien oder Kilikien, nach Ägypten, und im Neuen Reich (1568–1085) war der Weinanbau so differenziert, daß die Verschlüsse der Weinkrüge bereits das Anbaugebiet, den Jahrgang und den Namen des *maître de chai* nannten. Obwohl Pferd und Kamel erst verhältnismäßig spät nach Ägypten kamen, gab es eine Reihe edler Rinderrassen (bessere als den in der Neuzeit importierten Wasserbüffel), Esel, Tauben, Ziegen, Schafe. Diese Tierarten stammten teils ursprünglich aus Ägypten oder wurden in dynastischer Zeit gezähmt und gezüchtet. Der Fluß bot nicht weniger als 190 Fischarten, darunter den großen Nilbarsch, und in den Deltaseen gab es große Mengen der grauen Meeräsche. Damals wie heute führten die Schwärme der Zugvögel viele Enten- und Gänsearten, die in Netzen gefangen oder mit dem Wurfholz erlegt wurden, ins Niltal. Lediglich gutes Bauholz fehlte, denn die einheimischen Holzarten Akazie, Sykomore und Wacholder sind von minderer Qualität. Aber der Handel befriedigte bald auch dieses Bedürfnis. Da es kaum regnete, hing die Wirtschaft natürlich von der Wohltätigkeit des Nils ab. In Kairo etwa beträgt die jährliche Regenmenge nicht einmal fünf Zentimeter, in Oberägypten ist sie gar nicht meßbar. So wurden der Fluß und seine jährlich wiederkehrenden Überschwemmungswasser die unausschöpfliche Lebensquelle, die die Oase nährte. Das Überschwemmungswasser, eine Folge wolkenbruchartiger Regengüsse im fernen Äthiopien, erreichte Memphis etwa Mitte Juni. Danach schwoll der Fluß bis Mitte September unaufhaltsam an, um dann allmählich wieder zurückzugehen. Der Zeitraum verdient hervorgehoben zu werden; denn so ergibt sich eine einzigartige Konstellation. In Mesopotamien nämlich führten Euphrat und Tigris ihr Hochwasser im Frühjahr. Die nach der Überschwemmung aufgehenden Pflanzen verbrannten in der Sonnenglut des Hochsommers, falls keine künstliche Bewässerung vorhanden war. Im Niltal dagegen ging die Überschwemmung im Herbst zurück, das Getreide konnte im milden Winter auf natürliche Weise heranreifen und wurde im zeitigen Frühjahr geerntet. Der Nil konnte jedoch auch zuviel des Guten tun. Übermäßige Wassermassen rissen Dörfer mit sich fort und verwüsteten das Tal. Die Kontrolle des Stromes mittels eines komplizierten Irrigationssystems mit Wasserverteilung und daraus resultierenden Wasserrechten begann daher schon in vorgeschichtlicher Zeit. Für Jahre mit niedrigerem Hochwasser wurden Wasserspeicher angelegt. Das Zähmen der Nilfluten hatte selbstverständlich Auswirkungen allerersten Ranges auf das gesellschaftliche und politische Gefüge des Landes; denn es erforderte Zusammenarbeit, förderte den Sinn für die Gemeinschaft und führte schließlich zu dem bis ins kleinste Detail durchorganisierten Staatswesen, das stets Ägyptens Stärke war.

Als Verkehrsader leistete der Nil zudem einen wichtigen Beitrag zum Zusammenhalt dieser Oasenkultur. Wohl nirgends in der Alten Welt erwiesen sich die Verkehrsverbindungen als so verläßlich und ließ sich der interne Kontakt so leicht herstellen. Auch dabei spielte der Zufall der Umweltbedingungen eine entscheidende Rolle. Außer in der Zeit des Chamsin, 50 Tage im Frühjahr, die gefürchtete Sandstürme aus dem Süden bringen können, weht ein ständiger Wind vom Mittelmeer her stromauf. Das ermöglichte den Segelschiffen die Fahrt stromaufwärts auf ebenso bequeme Weise wie sie sich flußabwärts mit der Strömung treiben lassen konnten. Das praktische und einfache Dreieckssegel – nach Ruskin gleicht es der Form eines Schwalbenflügels – war schon früh in Gebrauch. Für den Schiffsbau in einem Land mit wenig geeignetem Holz erwies es sich als vorteilhaft, daß Boote und Leinen aus dem im Delta im Überfluß vorhandenen Papyrus gefertigt werden konnten[3].

Diese fruchtbare Oase, reich ausgestattet mit Möglichkeiten der Kommunikation, lag zugleich innerhalb sicherer Grenzen. Bis zu dem Zeitpunkt im vierten vorchristlichen Jahrhundert, da das Kamel in Ägypten eingeführt wurde, bildeten die Wüstengebiete eine fast unüberwindliche Barriere gegen Invasoren. Als Vorsichtsmaßnahme gegen das mögliche Eindringen von Beduinenstämmen errichteten die Pharaonen Wachtposten in den nähergelegenen Oasen der Westwüste. Die Oase Siwa, jenseits des Großen Sandmeeres gelegen und fünfzehn Tagereisen vom Delta entfernt, wurde offenbar erst gegen Ende der dynastischen Zeit in Besitz genommen. In der Ostwüste, wo der Nil südlich von Qena kaum 170 Kilometer vom Roten Meer entfernt ist, errichteten die Pharaonen aus zwei Gründen Garnisonen zum Schutze der Brunnen: einmal galt es, die Wasserquellen vor feindlichen Einfällen zu schützen, zum anderen wurden sie gebraucht, um die staatlichen Goldminen in den wasserarmen Bergwüsten auszubeuten. An der Deltaküste erfüllten die dichten Sümpfe den gleichen Zweck als Verteidigungslinie wie der Sand im Süden. Die einzige schwache Stelle bildete die Brücke nach Asien, der Isthmus von Suez. Hier wurden denn auch schon im Alten Reich (2676–2194 v. Chr.) Abwehrposten eingerichtet und im darauf folgenden Jahrtausend während der imperialen Epoche stark ausgebaut. Solange die Organisation im Innern straff blieb, war die Oase kaum angreifbar. Nur zweimal in zweitausend Jahren nach der Reichseinigung gelang der Durchbruch der Verteidigungslinien: in beiden Fällen profitierten die Invasoren von der inneren Zerrissenheit des Landes und brachen über die Landenge von Suez herein.

Die Plateau-Bewohner hatten gut daran getan, zum Oasendasein überzuwechseln; denn »sie genossen die Früchte des Feldes mit weniger Mühe als alle anderen Völker auf Erden « – wie Herodot sagt. Sie lebten reicher und bequemer als alle ihre Nachbarn. Unter diesen Umständen entwickelten sich ein hoher Gemeinschaftssinn und soziale Werte. In den drei Monaten, in denen aufgrund der Überschwemmung die Arbeit in der Landwirtschaft ruhen mußte, wurden die ehrgeizigen öffentlichen Bauten aufgeführt, die Tempel und Gräber, die nicht nur Denkmäler für die Götter, sondern auch für die Pharaonen waren, die als ihre Vertreter auf Erden galten und als Vermittler zu ihnen auftraten. Wenn auch vielleicht ein wenig phantasielos, so waren die Bewohner des Niltales und des Deltas doch freundlich, empfindsam und fleißig in ihrem wohlgeregelten Leben. Sie sahen vor allem die angenehmen Seiten des Lebens, schätzten ihre Familie, ihre ordentlichen Häuser und nicht zuletzt ihre Gärten. Wahrscheinlich hat es nie eine hingebungsvollere Nation von Gärtnern gegeben. Sollte ihre stetige und dauerhafte, engmaschige Gesellschaftsform, die bisweilen unbeweglich schien, sie über die Maßen konservativ gemacht haben, dann waren sie sicher die letzten, die das fühlten. An der Überlegenheit ihres Landes und seiner Sitten hegten sie kaum Zweifel und betrachteten daher Fremde und ihre Bräuche mit einer gewissen Herablassung.

Wenn die alten Ägypter dennoch geruhten, über ihre Landesgrenzen hinauszuschauen und weniger bevorzugte Völker aufzusuchen, dann geschah dies nur, um die wenigen Waren einzuhandeln, die der Überfluß ihres eigenen Landes nicht bot. Dazu gehörte in erster Linie und als eines der wichtigsten Produkte: Bauholz. Die nächstgelegenen Wälder gab es im Libanon, und so errichteten sie noch vor der Mitte des 3. Jahrtausends eine Handelsniederlassung in Byblos. Von dort fuhr bereits in der 4. Dynastie einmal ein Konvoi von nicht weniger als vierzig Segelschiffen mit Bauholz ab. Diese Ware zwang die Ägypter auch, sich mit der Meeresschiffahrt zu befassen. Der Handel mit dem Libanon nahm eine so große Bedeutung an, daß 2000 Jahre lang seetüchtige Schiffe als ›Byblosschiffe‹ bezeichnet wurden. Dabei wurde Byblos durch und durch ägyptisiert, seine Tempel und Priesterschaften dienten einer ansässigen Gemeinde von Händlern und Verwaltungsbeamten vom Nil. Aus weiter entfernten Gegenden kam Silber, und aus Zypern vor allem Kupfer, Metalle, die es in Ägypten nicht gab.

Etwas später als nach Byblos entsandte man

Handelsmissionen das Rote Meer hinab nach Punt, das vielleicht mit Somaliland gleichzusetzen ist. Eine dieser Expeditionen ist im Tempel der Königin Hatschepsut in Theben an den Wänden wiedergegeben. Aus Punt und Arabien erhielten die Pharaonen Myrrhe, Balsam, Perlen, Elfenbein und Zimt. Um die Verbindung dorthin zu erleichtern, wurde in der 26. Dynastie der Bau eines Kanals begonnen, der das Delta mit dem Roten Meer verbinden sollte. Während der Perserherrschaft im 5. Jahrhundert fertiggestellt, wurde dieser Kanal unter Ptolemaios Philadelphos zweihundert Jahre später erneut instandgesetzt. In der Ptolemäerzeit gestattete dann die Kenntnis der Monsunwinde sogar den Seehandel mit Indien. Von dort wurden Indigo, Pfeffer und Seide eingehandelt. Die Bezahlung dieser Importe und der regelmäßig angelieferten Schiffsladungen teuren Zedernholzes aus dem Libanon bedeutete wenig für einen Staat, der nicht nur reiche Goldvorkommen in der Ostwüste aufzuweisen hatte, sondern auch das Monopol für Papyrus besaß, große Menge Leinen herstellte und in späterer Zeit auch Überschüsse an Getreide produzierte.

Gemessen an der europäischen Geschichte, in der ein oder zwei Jahrhunderte oft die gesamte Spanne, bzw. Aufstieg und Fall, einer Macht bezeichnen, versetzt die Dauer der Oasenkultur am Nil immer wieder in Erstaunen; und dies umso mehr, als die Ägypter nicht besonders kriegerisch waren. Ihre Stärke lag eben in der perfekten Organisation und den sicheren Grenzen. In rund 2500 Jahren wurden nur drei größere Schlachten geschlagen, und zwar in der zweiten Hälfte des zweiten Jahrtausends v. Chr. Megiddo und Kadesch gegen die Hethiter, und im Delta gegen die Seevölker, wo Ramses III. einen entscheidenden Sieg erfocht. Die Ägypter hatten für Soldaten nicht viel übrig. Ihre Achtung galt vielmehr den Verwaltungsleuten, Beamten, Handwerkern. Bis zur Epoche der großen Eroberungen im Neuen Reich (1568–1085) begaben sich die Ägypter lediglich in Handelsangelegenheiten nach draußen, nicht aber, um Landbesitz zu erwerben. Nichts jenseits ihrer Grenzen schien auch begehrenswert angesichts des angenehmen Lebens im Niltal. Die Ironie der Geschichte wollte es, daß letztlich die territorialen Erwerbungen der Pharaonen des Neuen Reiches zum Niedergang Ägyptens beitrugen: da der Staat nicht in der Lage war, seine friedliebenden Untertanen in genügender Zahl für den Militärdienst zu interessieren, verließ sich die Führung mehr und mehr auf syrische und libysche Söldner. Als dann das zentralistische System zerbrach, warfen sich Libyer aus der Westwüste zu Herrschern einer fremden Dynastie auf, die sich ohne Zweifel auf die bereits im Fayum siedelnden Landsleute stützen konnte.

Die erste Reichseinigung Ägyptens um 3000 v. Chr., von der Überlieferung König Menes zugeschrieben, ging auf eine Initiative des Niltales, nicht des Deltas zurück, und noch mehrfach in der Geschichte wiederholte sich dieser schöpferische und gestalterische Impuls Oberägyptens. Selbst heute noch herrscht allgemein die Ansicht vor, daß die Vitalität des Landes südlich von Kairo beheimatet ist. Um 2676 v. Chr. hatte die Reichseinigung dann den mächtigen, vollständig durchorganisierten Staat des Alten Reiches geschaffen und die ägyptische Kultur die Form angenommen, die über Jahrtausende hinweg ungebrochen fortbestehen sollte. Mit seiner Hauptstadt in Memphis bescherte das Alte Reich der Welt den ersten Steinbau in Saqqara und die gigantischen Pyramiden in Gise. Diese Epoche währte nahezu fünfhundert Jahre, ein Zeitraum von der Eroberung Englands durch die Normannen bis zum Untergang der Armada. Der Zerfall setzte – wie stets in Ägypten – mit der Schwächung der Zentralgewalt und der gleichzeitigen Festigung des Feudalismus ein. Die Uneinigkeit erleichtert Eindringlingen das Vorrücken über die Landenge von Suez, das Reich wurde in kleine Fürstentümer aufgeteilt, es begann die Erste Zwischenzeit, eine Periode der politischen Wirren. In einem Land, in dem das Pendel langsamer schwingt, dauert selbstverständlich auch eine Epoche der Unruhe länger. Nach etwa zweihundert Jahren ging die Einigungsbewegung wiederum vom Süden aus. Die ägyptische Gesellschaft nahm erneut die für sie charakteristische Form an, um in der 12. und 13. Dynastie unter Pharaonen namens Amenemhet und Sesostris im Mittleren Reich (ca. 1991–1670 v. Chr.) dreihundert Jahre lange Stabilität zu genießen.

Ursache für den neuerlichen Zusammenbruch in der Zweiten Zwischenzeit war nicht allein die Uneinigkeit im Innern, sondern auch eine neue Waffe aus Vorderasien, nämlich Pferd und Wagen, die die Ägypter nicht gekannt hatten. Mit ihren Streitwagen drangen die Hyksos über die Landenge von Suez herein (ca. 1750–1700 v. Chr.) und errichteten im Delta ihre Hauptstadt. Aber noch einmal wurde die Einigung des Reiches vom Süden her vollzogen und das traditionelle Staatsgefüge wiederhergestellt. Damit setzte die fast fünfhundert Jahre umfassende (ca. 1568–1085) Epoche des Neuen Reiches ein, aus der wir die uns geläufige Hinterlassenschaft der Tempel und Gräber in Theben kennen. Sie ist gleichzusetzen mit dem historischen Abschnitt, der durch den Aufbau eines Weltreichs unter Pharaonen wie Thutmosis III. und Ramses II. gekennzeichnet ist. Ihre Herrschaft erstreckte sich bis zum Euphrat. Reichtum und Sicherheit der Kultur am Nil kulminierten in dieser Zeit, aber das System, das sich zwei Jahrtausende lang gehalten hatte, erwies sich als abgenutzt wie eine Gußform, die sich verbraucht hat. Unter den letzten ramessidischen Pharaonen brach der Zusammenhalt wieder auseinander, und im zehnten vorchristlichen Jahrhundert traten die Libyer ihre Herrschaft über Ägypten an.

Obwohl die Formen der alten Zivilisation weiterbestanden, geschützt zum einen durch den konservativen Charakter des Volkes, zum anderen durch das hohe Ansehen, das eine so lange sich

1 *Die Pyramiden von Gise*
2 *Der Nil* →

bewahrende und glänzende Kultur genießt, war Ägypten von da an die Beute von Fremden. Äthiopen, Assyrer und Perser stritten sich um das Königreich der Pharaonen. Im 4. Jahrhundert v. Chr. gab der letzte einheimische Herrscher, Nektanebos II., die Hoffnung auf und wandte sich zur Flucht nach Süden. Kurze Zeit später, im Jahre 332 v. Chr. zog Alexander der Große in Ägypten ein. Das Ägypten unter den Ptolemäern, dem Christentum und dem Islam unterschied sich erheblich vom bisherigen. Ihre Denkmäler haben diese Epochen in Alexandria, in den Klöstern der Wüste und im staubigen Geflimmer des mittelalterlichen Kairo hinterlassen.

Als das Land am Nil die ersten Kontakte zur Moderne in Gestalt von Napoleon Bonaparte und seinen Truppen erlebte, war das Alte Ägypten schon längst nur mehr Legende. Die fortschreitende Wiederentdeckung des pharaonischen Ägypten in den darauf folgenden 150 Jahren gehört zu den hervorragenden Leistungen der Archäologie.

Wenn die Ägypter jemandem Dank schulden, dann Männern wie Denon, Belzoni, Champollion, Lepsius und ihren Nachfolgern. Aber trotz allem ist natürlich ein Kern der Vergangenheit erhalten geblieben; denn allein die unveränderte Landschaft ist die des Alten Ägypten. Und wenn auch Jahrhunderte dahingegangen sind, so stehen doch die Bauern im Niltal, die Fellachen, noch immer stellvertretend für die Menschen der Pharaonenzeit – und teilen nicht wenige ihrer Tugenden.

3 *Blick von der Cheopspyramide*

DRITTES KAPITEL

Die Landschaft im Niltal

In die unwirtliche, baum- und wasserlose Wüste hat sich der Nil eingeschnitten und damit überhaupt erst die Landschaft Ägyptens geschaffen. Zwischen den kahlen Hügeln zieht sich ein grüner Gürtel hin, der je nach Weite des Tales bald enger, bald breiter wird und dem Lauf des Flusses treulich folgt. Obwohl sich dieser Grünstreifen unterhalb von Kairo zum fächerförmigen Delta ausdehnt, ist doch das schmale üppige grüne Band, eingezwängt zwischen Trockenheit und Unbewohnbarkeit, das eigentliche Ägypten. Bisweilen mutet es wie blinder Zufall an: dieses Grün, kraftvoll eingekerbt in die Unendlichkeit des Sandes, brauchte ebenso gut nicht zu sein. Aber es ist sinnvoll: man sieht deutlich, wie es zustande kam. Mit einem Blick vom Wüstenplateau aus hinunter ins Tal erfaßt man das ganze Land, die Landschaft Ägyptens erschließt sich vollkommen.

In der Mitte zieht langsam der Fluß dahin, zwei oder drei weiße Segel fangen das Sonnenlicht auf. Die angeschwemmten Felder zu beiden Seiten empfangen geduldig sein Wasser. Arterien gleich zweigen vom Hauptstrom die Kanäle ab und erfüllen ihre Pflicht. Von ihnen führen immer kleinere Wasseradern weg bis hin zu den schmalen, in der Sonne glitzernden Rinnsalen, die, von Wasserrädern angehoben, ein einziges Feld oder ein paar Quadratmeter Land bewässern.

Das Wasser windet sich durch einen wechselnden Flickenteppich von Grün, das im Kontrast zur angrenzenden Wüste umso üppiger erscheint. Farbtupfer aus gelben Maisstangen oder purpurbrauner Erde an den Stellen, wo die Pflanzen noch nicht aufgegangen sind, finden sich eingestreut. Dattelpalmenhaine und büschelartig aufwachsende Sykomoren erwecken den Eindruck von Miniaturbäumen auf einem Architekturmodell. Schmale Feldwege, höher gelegen als die Felder, durchkreuzen zweckvoll den Teppich. In den Grüngürtel eingeschmiegt liegen in bestimmten Abständen die Dörfer mit Häusern aus gebrannten Nilschlammziegeln, in ihrer Gleichförmigkeit manchmal unterschieden durch ein Minarett oder die weißgekalkte Fassade eines Hauses, das dem Ortsvorsteher gehört. Auf die Länge der 730 Kilometer nehmen sich die Städte, die manchmal nichts anderes sind als auseinandergequollene, riesige Dörfer, unsinnig aus. Der Eisenbahn ist es im Grunde peinlich, durch diese Landschaft zu fahren. Das Wasser, die Felder ohne Zäune, die Palmen und die Dörfer sind das Wesentliche dieser Landschaft.

Über diese Szenerie hinweg bewegt sich die Sonne sechs Wintermonate lang mit ihren segnenden Strahlen. Es ist jene Jahreszeit, von der die alten Ägypter glaubten, ihr Sonnengott Re in seinem Himmelsboot komme seinen Pflichten mit der größten Sorgfalt nach, indem weder die Pflanzen verbrannten noch der Nordwind eine Chance habe. Die Sonne geht in der Ostwüste auf, saugt den reichlichen Tau auf und zieht dann täglich an einem wolkenlosen Himmel ihre Bahn über das Tal hinweg. Am Abend geht sie hinter den Libyschen Bergen nieder, in einem prachtvollen Finale atemberaubende Sonnenuntergänge inszenierend. Tag für Tag der gleiche Ablauf. Wenn man auf das Niltal hinunterschaut, dann begreift man, daß diese ewige Wiederkehr des Gleichen ein zentrales Geschehen ist, daß sich die Gleichmäßigkeit der Sonne in der Gleichförmigkeit der Landschaft spiegelt und sich die Landschaft von Generation zu Generation oder selbst von Jahrhundert zu Jahrhundert kaum wandelt. Die Erde Ägyptens ist Dauer, scheint sich Neuerungen zu verschließen. Der Ackerbau, die Palmengruppen, die hingelagerten Dörfer, der Feldweg: sie kehren immer wieder. Trotz der neuen Hochspannungsmasten ist das Tal, das sich da vor dem Betrachter ausstreckt, das der Pharaonen. Das Alte Ägypten breitet sich aus, bewahrt vom Balsam der Sonne und der konservativen Lebensform seiner Bewohner. Im Laufe der neueren Geschichte hat es hier keine Veränderungen in der Menge der Regenfälle gegeben, keine Wälder sind hier gewachsen oder abgeholzt worden, niemand hat versucht, die Felder einzuzäunen. Nur wenige neue Straßen durchqueren die Felder, die von der Industrie so gut wie unberührt sind. Die alten Ägypter, die um 2000 v. Chr. aus den Goldminen der Ostwüste und vom Roten Meer zurückkehrten, sahen den gleichen bebauten Streifen Landes wie die Karawanen aus Arabien, die sich dem Wüstenrand näherten, um sich am Wasser und den weißen Segeln zu erfreuen.

Nil, Erde und Sonne bilden die Grundelemente dieses Szenenaufbaus, gewissermaßen das Rohmaterial; die Fellachen aber ordnen dieses Rohmaterial und fügen das Ganze zum eigentlichen Ägyptischen zusammen. Der Bauer ist für den Flickenteppich der Felder verantwortlich, er prägt den Charakter der Dörfer. Vor allem ein Aspekt der ägyptischen Landschaft geht auf ihn zurück: die Belebung durch den Menschen. Die kleinen Wesen, die sich lautlos im Tal zu bewegen scheinen, sind enger in diese Umgebung eingebunden als die Bewohner irgendeines westeuropäischen Landes. Keine Komposition auf den Feldern ist denkbar ohne die Anwesenheit von Mensch und Tier: das Kind auf dem indischen Wasserbüffel, die ruhende Familie unter dem Feigenbaum, wiederkäuende Esel und Kamele neben sich; halbnackte Figuren über den Erdboden gebeugt; der Mann, der das Wasser hochpumpt. Bei einer so hohen Bevölkerungsdichte muß das Zusammenspiel von Natur und Mensch selbstverständlich eng sein; denn sechzig Prozent der Menschen leben von der Landwirtschaft. Die ägyptische Landschaft ist ohne den Menschen nicht denkbar, stets sind Menschen mit

Arbeiten beschäftigt, wie sie das Landleben erfordert. Dabei treten die romantischen Aspekte, die sich mit dem Landleben in Europa verbinden, ganz zurück. Diese wieder und wieder gepflügten Äcker haben nichts gemein mit wucherndem Unterholz, Schlehdornhecken, Flur und Heide. Feldblumen finden keinen Quadratzentimeter Boden neben dem Getreide. Hier wird nicht die wilde Natur verehrt, keine Einsamkeitsgefühle kultiviert, sondern vielmehr eine begrenzte Fläche fruchtbaren Bodens sorgfältig eingeteilt, um eine große Zahl von Menschen ernähren zu können.

Trotz allem wirkt der Anblick dieser aus Schwemmland gebildeten Landschaft aufs höchste befriedigend, und das rührt wohl von ihrer seltsamen Anmut her. Die Qualität abstrakter Kunst geht nicht zuletzt auf die unendlichen Variationsmöglichkeiten von Form und Farbton zurück. Die Komposition des Flickenteppichs, die Perspektive von Weg und Kanal, die dritte Dimension der Palmen und nicht zuletzt die Eigenschaft des Lichts vereinigen sich zu Wirkungen von außergewöhnlicher Schönheit. Nur im direkten Mittagslicht verliert dieses Bild auf ein bis zwei Stunden seine Ausdruckskraft. Die Landschaft Ostenglands ließe sich vielleicht zum Vergleich heranziehen; der gleiche weitgespannte Himmel, die gleichen Kanäle, die gleichen malerisch in die rechte Entfernung gerückten Baumgruppen. In Ägypten vermißt man zwar die wunderbaren Gebilde der aufgetürmten Wolken über dem Horizont, wie sie typisch für Ostengland sind, dafür wirkt die Landschaft schwereloser, vielseitiger, abwechslungsreicher und nuancierter. Ägypten besitzt die Form der Landschaft von Ostengland mit den Licht- und Farbtönen der Provence.

Wen blühende Heide vor blauem Himmel in Entzücken versetzt, für den ist Ägypten reizlos, mit Ausnahme der Zeit des Sonnenuntergangs. Ungefähr eine Stunde lang färbt sich dann alles in Türkis, Grün, Violett und Gold. Bisweilen rufen die Farben überraschende Effekte hervor, meist aber entsprechen sie dem Ägypten der Kitschpostkarten: schimmerndes Wasser, die Silhouette der Pyramiden und dramatisch bewegte Palmen vor flammendem Himmel. Das ist die romantische *tour de force,* die wohl sein muß nach der Zartheit und Feinheit der ägyptischen Landschaft während der restlichen zehn Stunden des Tages.

Von Assuan bis nach Alexandria wiederholt sich in endloser Abfolge das gleiche Zusammenspiel der Farben im durchsichtigen Sonnenlicht. Die Wiederholung wird jedoch nie zur Monotonie. Farbtöne und Linien sind in ständigem, kaum wahrnehmbarem Wandel begriffen, und nur gelegentlich treten die Variationen stärker hervor, etwa wenn das Purpur der Zuckerrohrfelder von Oberägypten in das der Baumwollfelder des Deltas übergeht.

Von einem Nilschiff aus lassen sich die feinen Schattierungen dieser Landschaft mit der Belebung durch die Menschen als integralem Teil am besten genießen. Schwalbengeflügelte Feluken mit Baumwollballen, Zuckerrohr oder Tonkrügen beladen, ziehen vorüber, und bronzefarbene Männer im Lendenschurz werfen von kleinen schaukelnden Booten ihre Netze aus. Wie auf einem Bilderfries ziehen am Ufer die Bewohner der Felder entlang: die Frauen mit Bündeln oder Gefäßen auf dem Kopf, die Bauern mit der Hacke, die schwankenden Kamele, mit einem Berg Klee bepackt, die geduldigen langohrigen Esel und die viehtreibenden Kinder mit Tieren an der Leine, die zehnmal so groß sind wie sie selbst. Dazwischen immer wieder die wohlbestellten Felder und die Büschel der Palmen.

Gleitet man den Fluß hinab, Stunde um Stunde, Tag für Tag, dann scheint dieses Bild weder Anfang noch Ende zu haben. Der Fries an den Ufern dehnt sich endlos. Das Kind auf dem Wasserbüffel, den Mann am Wasserrand, die weißen Samenkronen des Schilfs im Flußschlamm, die Wasservögel: hundertfach hat man es gesehen. Jeden Abend singen die Schiffsleute die gleichen Lieder, die gleichen Palmen heben sich als Silhouette gegen den brandroten Himmel ab. Dazu auf beiden Seiten des Flusses die Linie der Wüstenberge, bald weiß und farblos, bald sandig-grau, bald hellviolett oder roséfarben im Sonnenuntergang. Manchmal erdrücken sie das Tal mit ihrer ausufernden Trockenheit, manchmal beschützen sie es freundlich, geben der Landschaft Blickfang und Akzent. Stets gegenwärtig, wiederholen auch sie sich endlos, sind immer – wie alles an der ägyptischen Landschaft – passend und unvermeidlich. Schließlich entsteht der Eindruck, das Schiff habe sich gar nicht bewegt, das allmähliche Fortschreiten sei Illusion und das unendliche Spiel des Lichts und der Farben geschehe an ein und derselben Stelle.

Aus Nilschlamm gebaut, sind die Dörfer im Grunde nichts anderes als die Fortsetzung der Felder in anderer Form. Man weiß oft nicht, wo das Dorf beginnt und wo es endet, wo der sonnengetrocknete Erdboden aufhört und die sonnengetrockneten Häuser beginnen. Wenn ein Haus zusammenfällt – und das geschieht keineswegs selten, denn die Ägypter haben es mit Reparaturen nicht eilig – kommt Erde zu Erde. Diese enge Verbindung zwischen Boden und Haus spiegelt die Beziehung der Landschaft zum Fellachen wieder. Sie ergänzen sich gegenseitig. Betrachtet man einmal einen ganzen Tag hindurch ihr Ineinanderwirken, dann wird die Bedeutung beider Elemente klarer.

Im Morgengrauen erwacht das Land, der Dunst verflüchtigt sich über den Kanal, die Palmen nehmen Umriß an, und allmählich bekommt die kultivierte Erde Farbe. Obwohl bereits wunderbar, ist das Bild noch statisch und unvollständig. Die Belebung durch den Menschen fehlt, nichts bewegt sich, niemand beugt sich über die Pflanzen, das Bild ist noch nicht Ägypten. Lediglich die Krickenten fliegen oben am Himmel. Erst nach Sonnenaufgang verwandelt sich das Land in das des Fellachen, und nur in seiner Anwesenheit gewinnt es sein natürliches Gleichgewicht. Aus jedem Dorf machen sie sich auf, auf Kamelen und Eseln, zu Fuß, in Paaren, ganze Familien, Gruppen, Männer, Frauen und Kinder gehen zur Feldarbeit. Mit ihnen ziehen Proviant und Handwerkszeug. Auf den schmalen Pfaden drängen Mensch und Vieh, die Menschen reden miteinander, ihre Scherze brechen die Stille des Morgens. Nach und nach verläuft sich die Prozession, jedes Stückchen Land verlangt seinen Mann, seine Familie. Bald sind die Feldwege wieder leer und die vertrauten Gestalten bücken sich über den bekannten Boden. Nun stehen die Häuser, in denen nicht nur drei, vier, fünf Menschen einen Raum bewohnen, sondern auch die Tiere in dichtgedrängter Enge unterkommen, halbleer. Der Exodus am Morgen hat die Dörfer leergefegt. Nur die Alten und Müßigen bleiben zurück. Das Leben dieser Menschen spielt sich nicht in den Dörfern ab, sondern auf den Feldern. Sie schlafen in ihren Häusern, leben aber mitten unter ihren Erzeugnissen.

Während die Sonne höher steigt, gehen sie mit der Erde und dem Wasser um, wie sie es seit undenklichen Zeiten getan haben. Der Boden wird mit dem Pflug der Pharaonen umgebrochen, wobei in den Furchen – wie schon auf den Wandmalereien von Saqqara – zierliche weiße Vögel einherstelzen. Ein Mann am Schaduf hebt einen Eimer reichen Wassers für den fruchtbaren Boden. Der Strahl ergießt sich über Rinnen und Furchen, die Hand und Hacke sorgfältig gezogen haben. Daneben steht ein Esel und scheint auf Befehle zu warten

– wie es der Esel Art ist. Weiter hinten bewegen sich Männer und Frauen zwischen hohen Maisstauden, sie ernten die Kolben, man hört ihre Stimmen und sieht nur die Köpfe. Am Ufer des Kanals schleppen Männer Erde. Zwei von ihnen tragen lange Galabijens in verblichenem Ultramarinblau, die Körbe auf ihren Köpfen gleichen haargenau jenen, die schon ihre Vorfahren für den Erdtransport unter den Pharaonen der 12. Dynastie benutzten. Am Rande einer Palmengruppe, hoch oben unter einem Tuff von Wedeln, wird etwas Weißes sichtbar. Ein Lendenschurz. Ein Mann hat, um den Stamm der Palme geschlungen, den Vormittag lang Datteln gepflückt. Unten nimmt seine Frau die Früchte entgegen. Unter einem Feigenbaum in der Mitte eines Feldes spielen zwei Kinder, neben ihnen grast ihr angepflockter Wasserbüffel und frißt einen exakten Kreis in den Klee.

Beim nächsten Blick hat alle Tätigkeit aufgehört. Das Wasser steht in den Furchen, die weißen Vögel verharren bewegungslos, niemand bewegt die grünen Maisstengel. Das Summen von Insekten wird hörbar. Die Sonne steht hoch und wirft keine Schatten, die Menschen schlafen. Brotfladen oder Reis sind verzehrt, nun haben sie sich in den Feldern und an den Kanälen zum Schlafen ausgestreckt. Wahllos scheinen sie überall umgefallen zu sein, das Werkzeug neben sich. Einige haben Taschentücher übers Gesicht gezogen, manche heben bisweilen den Arm, als ob sie Fliegen verscheuchen wollten. Die Kinder unterm Baum schlafen mit den

Köpfen im Ellbogen, und selbst die Esel haben sich nach einigem Zögern umständlich niedergelassen und dösen. Nur das sphinxhaft kniende Kamel schließt kein Auge und schaut von Zeit zu Zeit herablassend zu den Schläfern hin.

Die Zeit vergeht. Dann, wie bei einer täglich sich wiederholenden Auferstehung, erwachen alle und erheben sich, Menschen und Vieh. Die Hand greift nach der Hacke, der Esel stellt sich stöckerig wieder auf die Füße, der Wasserbüffel unterwirft sich dem Pflug, Stimmen übertönen erneut das Summen der Insekten, und ein Wasserrad beginnt zu quietschen. So geht es dann bis zum Abend, Lebewesen und Arbeit untrennbar verschmolzen mit der Landschaft. Sobald sich die Sonne hinter den Wüstenbergen senkt, taucht sie die Szene mit ihren schräg einfallenden, dramatisch-kräftigen Farben in neues Licht. Oft in greller Prahlerei, manchmal in pharaonischer Pracht, geht die Sonne unter. So wie eine neue Scheinwerfereinstellung die Bühne in einem Augenblick verändert, verändert sich nun auch die Landschaft, und das abwechslungsreiche Bild verschwindet. Das ist nicht länger ihre Welt. Die Fellachen rufen ihre Kinder zusammen, machen die Tiere los, packen sich und ihre Pflüge auf die Esel und ziehen am Kanal entlang in ihre Dörfer. Schwalben streifen das Wasser, und eine Wolke Mücken hängt in der Luft. Eine alte schwarze Fähre, fast bis zum Deck im Wasser liegend und wahllos beladen mit Menschen und Tieren, schiebt sich über den Fluß zum anderen Ufer.

Ein paar blauschwarze Wasserbüffel gleiten nacheinander ins Wasser. Plötzlich sind sie nicht mehr die gehorsamen Traktoren, sondern urzeitliche Wasserungeheuer.

Damit sind alle im engen Kreis des Dorfes versammelt, unter den Lampen sind Felder und Wüste ausgeschlossen. Große Fledermäuse beleben nun die ruhige Landschaft. Der Nachtfalke verläßt seinen Platz, der ihn am Tage geschützt hat, und von der Wüste herunter schleicht ein Fuchs zum Wasser. Der reichliche ägyptische Tau beginnt zu fallen. In der Dunkelheit neben dem Feuer wickelt sich der Wächter auf dem Feld in eine Kamelhaardecke oder in einen alten Militärmantel und ist nun bis zum Morgengrauen allein.

Dieser Rhythmus ist kennzeichnend für den Tag und für die Landschaft gleichermaßen. Die Details fügen sich später ein: die zahmen Vögel, nah oder fern das süß-melodische Gurren der Tauben, die Gutartigkeit der sandfarbenen Hunde, das Fehlen wildwachsender Blumen. Dazu gehören auch die Abdrücke nackter Füße auf feuchten oder staubigen Pfaden; Farbtupfer wie das komplementäre Blau der verblichenen Galabija zum Gelb verdorrten Maisstrohs; und über allem der immer wiederkehrende Ton einer Flöte und die Laute von Menschen, oft Kindern, die singen. Bei näherer Bekanntschaft muten die Palmen oft ganz anders an, als man sie sich vorstellte. In größerer Entfernung wirken sie graugrün wie Olivenbäume, sie sind das Entzücken der Tauben. Niemals aber wird man inmitten eines Palmenhains den dämmergrünen Schimmer finden, den man dort erhofft hatte. Die Bäume mit ihren elegant geschwungenen Stämmen stehen in so großen Abständen auseinander, daß immer Lichtstrahlen hindurchkommen, und es im Innern des Hains nicht dunkler ist als an den gewellten Rändern.

In Ägypten ist die Palme nicht das Symbol des Friedens, sondern der Arbeit. Für die Fellachen bedeutet überhaupt die gesamte Landschaft Arbeit. In der monotonen Regelmäßigkeit ihres Lebens spiegelt sich ihre erdverbundene, Herrschaft duldende Geschichte, und die schwarzen Gewänder der Frauen, apart anzuschauen, erinnern an ewige Trauer. Die Ochsen, die die unzähligen Sakijens drehen, um das Wasser vom Nil heraufzuholen, trotten mit verbundenen Augen im Kreis. Wie ihre Besitzer machen sie Jahr um Jahr weiter und nähern sich keinem anderen Ziel als dem Tode, wobei sie sich ihrer Unersetzbarkeit im System der Landwirtschaft nicht bewußt sind. Über die Felder tönt das Ächzen der Wasserräder, deren hölzerne Zahnräder nie geölt werden. Mögen die Noten sich ändern, der Klang bleibt der gleiche, er liegt über dem Fluß, weht über die Feldfrüchte hin. Dieses ewige Seufzen, hilflos und hoffnungslos, ist wie die Klage des Landes und seiner Menschen. Ein Klagelied, dem niemand entrinnt.

VIERTES KAPITEL

Die Bewohner des Landes

Im üppigen Grün der Felder sehen die ägyptischen Dörfer wie vor langer Zeit aufgeworfene Maulwurfshügel aus. Insgesamt soll es 4000 geben. Eng zusammengedrängt wohnen in diesen Dörfern oft 2000 bis 3000 Menschen. In einem Land, in dem der Ackerboden so wertvoll ist, werden die Dörfer natürlich auf kleinster Fläche zusammengehalten und dehnen sich nicht weithin aus. Die mühsam und emsig bearbeiteten Felder schwappen wie eine grüne Woge gegen die Mauern aus ungebrannten Ziegeln. Über dem Bodenniveau der Umgebung auf dem Schutt der Jahrhunderte stehend, sahen die Dörfer mit ihren Palmenwäldchen in alter Zeit am besten aus, wenn der Nil das Land in Oberägypten dreißig bis sechzig Zentimeter hoch überschwemmt hatte und sie sich wie palmenumgürtete Inseln aus der Wasserfläche erhoben. Aus geringer Entfernung wirkt ihr Anblick weniger günstig; der Wirrwarr ihrer bienenstockartigen Behausungen, wo die Unterscheidung zwischen menschlicher und tierischer Unterkunft oft schwer ist, scheint weit eher das Produkt von Instinkten als bewußtes und überlegtes Menschenwerk zu sein.

Die Häuser, meist elende Hütten, bestehen aus hartem, sonnengetrocknetem Nilschlamm, zu Ziegeln geformt und zu Wänden aufgeschichtet. Im Innern sind die Fußböden und die Schlafstätten aus gestampfter Erde errichtet, so wie die Bank oder Mastaba an der Außenmauer vor der Tür. An irgendeiner Stelle im Hause oder draußen in einem winzigen offenen Hof befindet sich der Herd aus luftgetrocknetem Nilschlamm. Ein System von Gassen und Pfaden hält dieses unordentliche Durcheinander von Behausungen zusammen. Auf sie brennt zu allen Jahreszeiten die Sonne nieder, trocknet sie aus und läßt ihre Mauern zusammenschrumpfen, so daß die Staubschicht auf dem Boden immer höher wird. Wenn ein Haus in sich zusammenrutscht und schließlich einstürzt, wird die gleiche Erde zu neuen Ziegeln geformt und ein neues Haus damit gebaut. Die Luft ist erfüllt von feinsten Staubteilchen, Schulter an Schulter reibend, drängen sich die Menschen. In diesem Gehege wiederholt jede Generation die ihrer Vorfahren in genau der gleichen Lebensweise. Hier sind die Menschen seit Beginn der Geschichte geboren worden, haben geheiratet und wurden mit allen Zeremonien beigesetzt.

Aber seltsamerweise hat fast jedes dieser gelbbraunen Bauensembles etwas zu bieten, was es für den Betrachter reizvoll macht: ein Dorf an einem Kanal; eine Sykomore über der bescheidenen Kuppel eines Scheichgrabes; ein Schwarm Tauben, der aus dem Taubenschlag zum Himmel aufsteigt; eine weißgekalkte Fassade als Hintergrund für bewegte Gestalten, eine Gruppe von Frauen am Flußufer. Das zweistöckige Haus des Omde, des Dorfvorstehers oder Bürgermeisters, und möglicherweise die Gehöfte von ein oder zwei reicheren Bauern bringen Abwechslung in das Erscheinungsbild der Bauten; ebenso die bescheidene Moschee, häufig mit einem Minarett ausgestattet, von dem aus der gewöhnlich blinde Muezzin fünfmal am Tage zum Gebet ruft. Dieses Ritual in der Ansammlung von Nilschlammhütten berührt den Betrachter seltsam und weist auf eine Vielfalt hin, welche die luftgetrockneten Ziegel auf den ersten Blick nicht preisgeben.

Der Abend meint es am besten mit den Dorfbewohnern. Dann werden die Umrisse unscharf, mit der hereinbrechenden Dunkelheit ist der Staub nicht mehr sichtbar. Die engen Gäßchen mit ihrem Vieh füllend, kehren die Fellachen von den Feldern zurück. Das ausgedörrte Gehege des Dorfes pulsiert jetzt in schnellem Rhythmus. Die Mastabas vor den Häusern, am Mittag leer, bilden nun das Zentrum kleiner Gruppen, die sich unterhalten, bisweilen auch streiten oder einfach müßig vor sich hinstarren, ermüdet von der Tagesarbeit. Mit gekreuzten untergeschlagenen Beinen sitzt der Schneider in seiner Haustür und näht in der Dämmerung, eher nach dem Gefühl, als daß er hinsähe. Der Dorfbarbier hockt wie seine Kunden am Boden, führt seine Tagesarbeit zu Ende. Überall gehen die fliegenden Händler mit Krimskrams, Baumwollzeug und Gemüse um, heisere Schreie ausstoßend. Die Frauen dagegen verrichten still ohne Aufhebens ihre Arbeit; wenn sie in den Türdurchgängen stehen, scheinen sie das Licht zu scheuen. Ihre weiten, schwarzen Gewänder und die den Kopf verhüllenden schwarzen Tücher verschmelzen mit der hereinbrechenden Dunkelheit.

Im Kaffeehaus wird die Petroleumlampe angemacht – heutzutage allerdings schon eher das elektrische Licht. Die Stühle mit Sitzen aus Schilfrohrgeflecht füllen sich, Wasserpfeifen und kleine Täßchen mit türkischem Kaffee werden herumgereicht. Eine reine Männergesellschaft hat sich versammelt. Das helle Licht hebt noch die Gewichtigkeit alles dessen, was hier geschieht, hervor. Gesten nehmen eine dramatische Wendung an, das Gesicht des Geschichtenerzählers zieht die Blicke auf sich, und ab und zu bricht lautes Gelächter aus, das zwischen den Hütten hindurch bis zu den verlassenen Feldern hallt. Obwohl die Ausstattung dieser Inszenierung recht bescheiden ist, handelt es sich doch um eine Aufführung mit Tradition. Die meisten Darsteller erscheinen in einer einfachen Galabija, einem langen Baumwollgewand, blau, gestreift oder weiß, mit weiten Ärmeln und kleinem Halsausschnitt. Sie sind häufig barfuß und tragen auf dem Kopf kleine Käppchen, die der weiße Turban der Moslem umschlingt. Wer jemals Kontakte zur Stadt hatte, trägt über der Galabija einen dreiviertellangen Mantel europäischen Zuschnitts. Der alte Scheich aber in einem schweren Seidenkaftan mit farbiger Schärpe und einem blütenweißen Turban stiehlt allen die Schau. Es bedarf eines beachtlichen Wohlstandes und großer Würde, um diese Seide zu tragen.

Im Fremden rufen diese Gesichter vage Erinnerungen wach. Schließlich dämmert ihm, daß die bejahrten, die Pfeife umschließenden Lippen oder das Profil des jungen Mannes gegen das Licht aus dem Alten Ägypten stammen. Diese Gesichter haben ihr Abbild auf den Wänden von tausend dunklen Gräbern. Im Kaffeehaus sitzen Menschen aus pharaonischer Zeit. Einer der Männer schiebt seinen Stuhl nach hinten und schaut auf die Straße hinaus. Für einen Augenblick aus der Menge der anderen herausgehoben, kristallisiert sich sein Typ stärker heraus: die sanft geschwungene Stirn, die flachrückige Nase, die dichten, langen Wimpern, die hervorstehenden Backenknochen und eine fast frauliche Anmut. Vertraute Züge. Der Körper, wohlgebildet und ein wenig unter mittelgroß, wirkt kleiner mit den nackten Füßen, die durch das tägliche Stehen in den feuchten Feldern rissig geworden sind. Selbst die *galabîja* stammt aus der 6. Dynastie. Dieser Menschentyp hat nicht das Schwere des Negers, keine überschüssige Energie oder schwellende Muskeln; vielmehr zeichnet ihn eine gewisse Ökonomie der Bewegungen aus, eine wirkungsvolle Einfachheit im Einsatz der Mittel, wie sie bereits jenen Gestalten eigen ist, die auf den Wandbildern der Gräber die verschiedensten Arbeiten verrichten. Wenig Schönheit im herkömmlichen Sinne ist hier vertreten, nichts von der strotzenden Gesundheit zu spüren, die in der Vorstellung mit dem Begriff Bauerntum verbunden wird. Aber andererseits paßt alles zusammen, die Proportionen stimmen wie bei kaum einem Menschenschlag. Die Europäer unterschätzen die Fellachen. Ihre Frauen, mit krausem Haar und Gesichtern, die bereits mit fünfundzwanzig Jahren gezeichnet sind, wirken wenig anziehend. Dennoch bewahren sie sich bis ins Alter eine bewundernswerte Haltung, und ihre Hände sind zierlicher als die der Europäer.

Bestimmte Charakterzüge haben sich über die Jahrhunderte hinweg unverändert erhalten. Auch der seltsame Gegensatz von Gut und Böse, kennzeichnend für den Fellachen von heute, hat seine Wurzeln in der Antike. So sind zum Beispiel die Tugenden der Häuslichkeit, – typisch für das ägyptische Leben der goldenen 12. Dynastie, bevor der Staat imperialen Ehrgeiz entwickelte, – noch heute ein Wesenszug der Menschen. »Deinem Vater angenehm zu sein, gefällt Gott«, sagt Mohammed. Ein glückliches Familienleben, Hingabe und Liebe für die Kinder, gehören zum auffälligsten Erscheinungsbild im dörflichen Leben. Gleichzeitig eignet dem Fellachen jener alles durchdringende Konservativismus und jene Selbstbeschränkung, die schon die alten Ägypter kennzeichnete. Nach wie vor ist er überzeugt, daß alle Flüsse nordwärts fließen müssen wie der Nil. Wie seine Vorfahren könnte er noch heute behaupten, der Euphrat sei »das umgekehrte Wasser, das abwärts fließt, indem es aufwärts fließt.« Ererbt hat er darüber hinaus einen Mangel an intellektueller Neugier; stets richtet sich sein Denken vorwiegend auf praktische Dinge. Trotz einer gewissen Scharfsinnigkeit, eines hellwachen Verstandes und eines guten Gedächtnisses stören reine Spekulationen kaum je seine Gedanken. Ein weiteres Erbteil aus alten Zeiten, das später vielleicht zusätzlich vom Islam begünstigt wurde, besteht in der ritualisierten Höflichkeit und Freundlichkeit; wohl der Nachklang differenzierter Verhaltensweisen im sozialen Umgang, wie sie sich nur in Hochkulturen herausbilden. Die Freundlichkeit der Ägypter ist stets gerühmt worden. Abseits des touristischen Getriebes wird der Fremde feststellen, daß Rücksichtnahme gegenüber dem Nächsten und Takt hervorblühen wie Blumen aus Schlamm und Plage. Tugenden wie Gastfreundschaft und natürliches Benehmen in Gegenwart von Reichen sind anziehende Eigenschaften der Ägypter. Der Bauer, der den Fremden zum Kaffee einlädt, wird stets völlig unbeeindruckt vom gesellschaftlichen Status des Gastes bleiben. Klassenunterschiede existieren nicht. In den Türken erkannten die Ägypter einst ihre Herren an, nicht aber Überlegene. Wenn sie auch Angst vor ihnen gehabt haben mögen, so waren sie doch niemals wirklich beeindruckt. Auch heute noch ist das Auftreten gegenüber dem Reichen und Mächtigen von Gelassenheit geprägt; zwar nimmt der einfache Mann die Kluft wahr, die ihn vom anderen trennt, aber er erkennt, daß der Zufall der Verhältnisse diese

Trennung herbeiführt. Dieses Fehlen einer wirklichen Unterwürfigkeit zeigt sich deutlich im Grußritual. Der Größere muß stets den Kleinen grüßen, so der Reiter zu Pferde den Mann auf dem Esel, letzterer den Fußgänger und dieser wiederum die Frau. Über die Kinder geht der Willkommensgruß weiter zu den Tieren.

Die Routine des Fellachenlebens und der eng begrenzte Horizont, die den Bauern bisher daran hinderten, sich andere oder bessere Lebensumstände vorzustellen, bewirken einen weiteren Charakterzug: seine immerwährende Fröhlichkeit. Die Enge seiner Welt lockt im Fellachen schnell ein Lächeln hervor. Die eigenen wenigen Freuden und Besitztümer sind alles, was er hat: seinen Gott, seine Kinder, seine Frauen und seine Nahrungsmittel. Jenseits der Dorfäcker liegt das Unbekannte. Diese kleine Welt, fast so begrenzt wie die eines Kindes, führt denn auch zu kindlichem Verhalten: Scherze und plötzliche Fröhlichkeit können ebenso schnell in Ärger und Zorn umschlagen. Die Vergehen des Fellachen sind die eines Kindes, begangen in der Hitze unkontrollierter Leidenschaft und nach einer Stunde schon bereut.

Andererseits heizt die Enge der Umgebung auch persönliche Animositäten an, die, oft irrational wie die Auseinandersetzungen von Schulbuben, das Dorfleben belasten und auf breiterer Ebene zu Gewalttaten der Dörfer untereinander führen. Das limitierte Umfeld konzentriert die Energie des Fellachen auf eine einzige Aktivität: die der Erzeugung

4 *Blick in das Tal von Abydos, dem Begräbnisplatz der 1. Dynastie*

5 *König Djoser, der in Saqqara die erste Pyramide erbaute.*

6 *König Cheops, der die größte der Pyramiden erbauen ließ. –*

7 *Mann mit Kamel vor der Sphinx von Gise an dem Weg vom Taltempel des Chephren zu den Pyramiden*

9 *Kopf eines Schreibers aus Saqqara, 5. Dynastie*

← 8 *Kopf der Nofret, Frau des Prinzen Rahotep, 4. Dynastie*

10 *Vorführen der Herden. Kalksteinrelief 5. Dynastie*

11 *Amenophis und seine Gattin May bei einer Festgesellschaft. Relief im Grab seines Bruders Ramose in Theben, 18. Dynastie*

12 *Tänzerinnen im Grab des Cheruef, Theben 18. Dynastie →*

13 *Feldarbeiten, Malerei im Grab des Sen-Nedjen, Theben-West, 20. Dynastie →*

14 *Eingangsfassade des Felsentempels Ramses II. Abu Simbel, 13. Jh. v. Chr*

15 *Im Amun-Mut-Chons-Tempel von Luxor, 19. Dynastie →*

und des Verkaufs von Nahrungsmitteln. Und darum kennt er nur zwei Ziele im Leben: den Erwerb von Land und Geld. Er ist imstande, diesen Zielen alles zu unterwerfen.

Einschränkend muß hier angefügt werden, daß der oben beschriebene Menschentyp: freundlich, fröhlich, schnell und erwerbssüchtig, nicht ganz zutreffend für den Fellachen ist; denn trotz konservativer Neigungen und eines sprunghaften Temperamentes müßte dieses Volk dann mehr Erfolg gehabt haben. Als reine Söhne des Mammon hätten sie Räuber werden müssen. Dagegen sind sie fünftausend Jahre lang dem Bebauen des Bodens treu geblieben. Zur Komplexität ihres Wesens gehört nämlich eine weitere Komponente, und zwar eine wichtige, die wir noch nicht erwähnt haben: Den Ägypter kennzeichnet eine starke Passivität. Er wird stets die größten Kümmernisse mit größter Geduld ertragen. Die Geschichte Ägyptens legt Zeugnis ab von dieser unvorstellbaren Fähigkeit zu dulden. Der Fatalismus wurde hier schon lange vor dem Islam erfunden. Diese Passivität ist der Grund für den Mangel an Antriebskraft, die Fellachen gestalten selten und organisieren noch weniger, die ganze Kraft ihrer Persönlichkeit verströmt sich im Bild der Landschaft.

Die uralte Passivität der Fellachen soll in der besonderen Art der Religiosität, dem Gesundheitszustand und der Unberechenbarkeit der Nilüberschwemmungen begründet sein. Schon Herodot, ein sehr aufmerksamer, scharf beobachtender Rei-

16 *Tor des Tempels des Ptolemaios III. Euergetes I. in Karnak, 3. Jahrhundert v. Chr.*

sender, schreibt, daß die »Ägypter religiös bis zum Exzeß sind, weit über das Maß aller anderen Menschen hinausgehend.« Der religiöse Eifer, den er hier beschreibt, hat das Niltal nie verlassen, noch hat sich sein Wesen geändert. Ob der Ägypter an Re, Christus oder Mohammed glaubte, immer war dieser Glaube eher ritueller Natur. Magie und Zauber haben in seiner Glaubenswelt stets eine beherrschende Rolle gespielt, ebenso wie eine außergewöhnliche Beschäftigung mit dem Jenseits. Der Ägypter im Altertum brauchte lediglich eine richtige, wenn auch triviale Formel, um die Halle der richtenden Götter passieren zu können. Für seinen muslimischen Nachfahren liegt die Rettung ähnlich willkürlich in der Gnade Gottes. Moralische Anstrengungen sowie die Entfaltung von Energie auf Erden zählen wenig. Er hat stets im Schoße Gottes gelegen und ist zufrieden, daß es so ist.

Was den Gesundheitszustand anbelangt, so leidet ein großer Teil der Fellachen an einer schlimmen, endemischen Krankheit, der Bilharziose. Symptome dieser Krankheit sind bereits bei Mumien aus der 12. Dynastie festgestellt worden, so daß die Menschen also seit viertausend Jahren unter dieser Geißel leiden. Die Bilharziose läßt sich in Sterbestatistiken nicht so leicht ausmachen; weil diese Krankheit sich gleichsam subtilerer Mittel bedient: sie greift den Charakter derer an, die daran leiden. Der Erreger, der auf einer kleinen Schnecke in stehendem Gewässer der Kanäle und Felder lebt, wo die Fellachen tagaus, tagein arbeiten müssen, schwächt den Menschen, ruft Müdigkeit und Gleichgültigkeit hervor. Moderne Bewässerungsmethoden mit dem Zweck der Erzielung reicherer Ernten auf Kosten der Menschen haben sogar noch zur Verbreitung der Krankheit beigetragen. Erst seit kurzem haben sich die Behörden zur Bekämpfung dieses Übels aufgerafft. Sollte es mit neuen Erkenntnissen in der Medizin gelingen, den Krankheitserreger auszuschalten, dann könnte sich das Wesen der ägyptischen Bauern grundlegend wandeln. Die Folgen wären gar nicht abzusehen; denn es könnte ein völlig verändertes Volk entstehen. Möglicherweise glichen sie dann den Saidi in bestimmten Teilen Oberägyptens, wo der Anteil der Bilharziose-Erkrankungen relativ niedrig ist und das Wort ›Saidi‹ Synonym für Kraft und Unternehmungslust ist.

Darüber hinaus heißt es, daß die Ägypter als Bewohner eines großen Flußtales, deren Lebensunterhalt von den Launen der Überschwemmung abhängt, über die sie keine Macht haben, Passivität entwickeln müßten. Wer die Gewalten der Natur nicht verändern könne, die Fülle oder Hungersnot bescherten, wer der Willkür ausgesetzt sei und Nahrungsmittel ohne Verdienst empfange, gleich ob Tugend oder Laster herrschten, wer stets räumlich eingeschränkt bleibt, der müsse in Apathie fallen und Katastrophen fatalistisch über sich ergehen lassen. Jahrtausende lang hat Ägypten unter diesen Bedingungen existiert. Jetzt aber ist der Nil eine verläßliche Größe geworden.

Der gigantische Nasser-Damm in Assuan hat den Nil gezähmt. Wenn sich auch negative Nebenwirkungen herausstellen mögen – sicher sind es nicht wenige – so sind die Fellachen doch nicht länger von den Launen des Flusses abhängig. Damit ist ihre Welt rationaler geworden. Nach einiger Zeit werden diese Menschen feststellen, daß Vorsorge und Initiative neue Werte darstellen. Die Passivität wird einfach aus der Mode kommen.

Während er auf die allmähliche Veränderung der Verhältnisse wartet, bleibt der Fellache vorläufig noch die Mischung aus Freundlichkeit, Fröhlichkeit, schnellem Verstand, Zorn und apathischem Gehorsam wie seit pharaonischer Zeit. Er wird auch seine Eigenheiten und Sitten beibehalten. Viele dieser Gewohnheiten, so die langen Zöpfe aus falschem Haar, die den Frauen bis auf die Hüften fallen, oder die Zickzackmuster der Wangennarben, die einst wohl Stammeszeichen waren, sind einigermaßen verständlich. Selbst die Vielweiberei oder die brutale Behandlung unkeuscher Mädchen, obwohl unserem Empfinden fremd, basieren auf nachvollziehbaren Denkprozessen. Der Fellache wäre sicher in der Lage, vernünftige Gründe für diese Verhaltensweisen anzuführen.

Eine Seite jedoch wird uns kaum je verständlich werden. Zwar spiegelt sich darin eine Welt, die aufgrund zunehmender Aufklärung kleiner wird, aber dennoch gibt es Augenblicke, in denen ein Vorhang heruntergeht und alle Anzeichen von Vernunft und Logik verschwinden. Die Dörfer sind nämlich – als ob sie im täglichen Kampf um das Notwendigste nicht schon manches zu bestehen hätten – den Djinn unterworfen. Diese kapriziösen, tyrannischen Wesen, die unter der Erde wohnen und eine organisierte Gesellschaft nach eigenen Gesetzen bilden, geben sich dazu her, mit üblen Praktiken denjenigen beizustehen, die ihren Mitmenschen schaden möchten. Auf keinen Fall dürfen die Djinn verärgert werden. Da sie aus Flammen bestehen und Liebe ihr ureigenstes Element ist, muß der Fellache, bevor er etwas ins Feuer wirft, sagen: »Im Namen Allahs, des Barmherzigen, des Gnädigen«. Dann sind die Djinn gewarnt. Gleichzeitig darf man einen Djinn auch nicht naßmachen. Bevor man Wasser auf den Erdboden gießt, erfolgt daher der Ausruf: »Verzeihung, oh ihr Gesegneten«. Neben den Djinn hat jedes Dorf noch eine ganze Armee von Schattenwesen zu gewärtigen, die ebenfalls oft bösartig handeln. Jeder Fellache besitzt ein geistiges Doppel. Dieses Wesen, das an den Ka der alten Ägypter erinnert, wird mit dem Menschen geboren und stirbt auch mit ihm. Eifersucht und Neid sind Grundzüge dieser unsichtbaren Doppelgänger und ängstlich sind die Fellachen bemüht, sie von ihren lebenden Kindern fernzuhalten.

In dieser Welt des Aberglaubens spielt natürlich der Zauberer und Sprüchekenner eine nicht zu unterschätzende Rolle. Er ist der Verbündete des Fellachen, der den Kräften des Unsichtbaren und dem Bösen Blick des Nachbarn entgegenwirken kann. Bis vor wenigen Jahren waren solche Leute außerordentlich gefragt. Bei jeder kleinsten Schwierigkeit wurde ihre Hilfe gesucht und Zaubermittel und Anrufungen teuer bezahlt. Liebestrank, Gesundbeterei, Amulette zum Schaden des Feindes, dazu nahmen alle im Dorf Zuflucht. Gegen Unfruchtbarkeit liefen die Frauen sieben Mal um die Große Pyramide oder reisten nach Kairo, um eine bestimmte Mumie im Museum zu berühren. Die Männer wurden gegen Augenleiden oder Zahnschmerzen tätowiert. Überall und zu jeder Stunde ging der Böse Blick um, gegen den der Fellache mit nie endenden Bemühungen anzukommen hoffte. Abgeschnittene Fingernägel und ausgekämmtes Haar wurden achtsam verbrannt; denn mit dem Besitz dieser Dinge hätte ein Feind Macht über den Betreffenden erhalten können. Aus Furcht vor diesen Übeln hängen noch heute über mancher Haustür ein Teller oder die Hörner eines Schafes, die Frau trägt ein besprochenes Halskettchen aus hellblauen Perlen und läßt ihr bodenlanges schwarzes Gewand im Staub schleifen, um ihre Fußspuren zu verwischen. Natürlich muß der wichtigste Besitz des Fellachen, seine Kinder, am stärksten vor dem Bösen Blick und vor den Djinn geschützt werden. Da es noch immer der größte Wunsch eines Fellachen ist, einen Sohn zu haben und ihm daher die größte Gefahr droht, wird ein männliches Kind oft ein oder zwei Jahre lang als Mädchen verkleidet. Aber auch die Mädchen müssen natürlich sorgfältig mit Schutzzauber umgeben werden, der gleich nach der Empfängnis einzusetzen hat. Anrufungen begleiten dann die Geburt, und das Kind beginnt sein mühevolles, arbeitsreiches Leben häufig mit einem Stück Nabelschnur, das in ein Baumwolläppchen eingewickelt wurde, um den Hals. Dieses Widerspiel von Amulett und Gegenamulett, Zauber und Gegenzauber, diese phantastische Welt aus Geistern und Ängsten liegt nur wenige Meter von einer modernen Pumpstation entfernt oder in Sichtweite der hellerleuchteten Fenster des Schlafwagens, der den Touristen nach Luxor bringt.

FÜNFTES KAPITEL

Das Leben im Dorf

Das Wort ›Fellache‹ bedeutet: »der den Acker bearbeitet«. Der ägyptische Bauer wird diesem Namen in besonderem Maße gerecht; denn der Boden ist sein Leben. Arm und oft sogar hungrig, geht er dennoch Tag für Tag mit einem Lächeln um die Lippen auf die Felder. Seit der erfolgreich abgeschlossenen Bodenreform in den fünfziger Jahren und der damit verbundenen Enteignung großer Ländereien gehören ihm heute die Felder oft selbst. Sofern dies nicht der Fall ist, wird der Pachtzins, den er zu entrichten hat, staatlich kontrolliert. Aber der Landbesitz reicht nicht aus; denn die Bevölkerung Ägyptens hat sich in den letzten vierzig Jahren verdoppelt. Während Mehemet Ali seinerzeit jedem ehrlichen Fellachen drei Morgen Land zuweisen konnte, betrug kurz vor dem Ende des 19. Jahrhunderts der Bodenanteil pro Kopf der Bevölkerung nur mehr 0,65 Morgen. Zwanzig Jahre später wiederum hatte sich die Bevölkerung weiterhin so stark vermehrt, daß der Anteil auf 0,42 Morgen gesunken war, trotz Erschließung neuer Anbauflächen. Das ist weniger als in Japan. In einer Industriegesellschaft mögen solche Zahlen keine weitere Bedeutung haben, im Agrarland Ägypten aber sagen sie alles. Selbst heute, da der Nasser-Damm fast eineinviertel Millionen Morgen Land zusätzlich für die Kultivierung nutzbar gemacht hat und zweieinhalb Millionen Fellachen (einschließlich ihrer Familien) auf diesem Land angesiedelt werden konnten, nimmt der Druck ständig zu. Das Bevölkerungswachstum beträgt eine Million Menschen pro Jahr.

Obwohl die Enteignung als Folge von Verschuldung nicht mehr gestattet ist, und der verhaßte Geldverleiher der Vergangenheit angehört, obwohl die osmanische Knute und die Zwangsaushebungen für den Kanalbau aus der Erinnerung getilgt sind, haben die Fellachen nach wie vor nichts zu erwarten. Trotz moderner Bewässerungsmethoden bleiben die angestammten Eigentümer des besten Bodens auf der Welt jämmerlich arm. Daran haben sie sich in Jahrhunderten gewöhnt. Die meisten Bauern erwirtschaften nur das allernötigste, Überschüsse werden kaum erzielt. Wie in einem Schraubstock eingeklemmt verbringen sie ihr Leben.

Trotz dieser Verhältnisse machen die Fellachen unermüdlich weiter, als ob sie ihre Lage nicht zur Kenntnis nähmen. Sie arbeiten wie in der Vergangenheit, mit dem gleichen Werkzeug und in der althergebrachten Weise. Beides erweist sich allerdings häufig als besser für die speziellen Bodenverhältnisse, als die neuen wissenschaftlich erarbeiteten Methoden, die sich vor allem in den Neulandgebieten angewendet, nicht bewähren. Der duldsame Esel gehörte von Anbeginn dazu. Erst die Hyksos, die sogenannten Hirtenkönige, brachten dann das Pferd mit, und kurz vor Christi Geburt wurde das Kamel eingeführt. Archimedes bescherte den Fellachen die archimedische Schraube, welche, mit der Hand gedreht, das Wasser aus dem Nil nach oben auf die Felder pumpt. *Sakia* und *schaduf,* die am weitesten verbreiteten Hilfsmittel zum Anheben des Wassers, stammen dagegen schon aus pharaonischer Zeit. Die Sakia ist das knarzende, quietschende Wasserrad, das von Ochsen mit verbundenen Augen im Kreis gedreht wird. Das Schaduf besteht aus einem Ledereimer an einem langen hölzernen Stock mit einem Gegengewicht am anderen Ende. Dieser Stock wird von einem Holzgestell gehalten. Wenn der Eimer ins Wasser getaucht wird, hebt ihn das Gegengewicht mit Nilwasser nach oben. Die Arbeit am Schaduf ist anstrengend, sagen die Bauern, und während sie so ihr Land bewässern, singen sie folgendes, für ihre Arbeit symbolisches Lied:

Hast du beschlossen, mich zu erdrosseln,
Oh Gott?
Lockere die Schlinge!
Keine Mutter weint um mich, keine Tante,
keine Schwester.

Auch das meiste übrige Werkzeug – der hölzerne Pflug mit Eisenbeschlag an der Pflugschar, die Hacke, die im Niltal den Spaten ersetzt, und der *maktaf,* ein geflochtener Korb, in dem Erde und

Sand transportiert werden – haben ihren Ursprung in der fernen Vergangenheit. Darüber hinaus gibt es bestimmte Arbeiten wie zum Beispiel Dreschen oder Worfeln, die auf die gleiche Weise vor sich gehen wie vor Tausenden von Jahren. Wenn das Korn mit einer einfachen Sichel geschnitten worden ist, wird ein seltsames hölzernes, mit Metallscheiben besetztes Wägelchen über die ausgebreiteten Ähren gefahren. Die schweren Metallscheiben brechen das Korn auf und lösen das Getreidekorn von der Ähre. Danach kann das Worfeln beginnen. Das geht so vor sich, daß die ausgedroschenen Bestandteile mit einer hölzernen Gabel der absolut gleichen Form wie zur Zeit der Pharaonen in die Luft geworfen werden. Das Korn fällt auf den Boden, die leichtere Spreu wird vom Nordwind weggetrieben, der tagtäglich das Niltal hinaufweht. Der Fellache ist zwar ungewöhnlich konservativ, aber dennoch hat er seine heutigen Methoden über einen langen Zeitraum des Versuchens und der Irrtümer hinweg entwickelt, so daß seine altmodische Arbeitsweise sich oft als die beste herausstellt. Mit Beharrlichkeit bevorzugt er zum Beispiel Behausungen aus Nilschlammziegeln gegenüber solchen aus neuen Baumaterialien, wobei erstere billig sind, letztere teuer. Er weiß aber vor allem, daß die Häuser aus luftgetrockneten Ziegeln im Winter wärmer halten und im Sommer kühler bleiben als die Alternative aus Zement, die ihm der Fortschritt beschert hat.

Auf einem Gebiet jedoch hat die neue Zeit das

Leben des Fellachen grundsätzlich verändert. Durch die regelmäßige Wasserversorgung wurde der Ackerbau revolutioniert. Die Geschichte Ägyptens war stets vom Wasser abhängig. Zu allen Zeiten bedeuteten gute Kanäle und eine gleichmäßige Verteilung des Wassers einen gewissen Wohlstand. Hören wir aus der Vergangenheit von Hungersnot, Armut oder Mißwirtschaft, dann beklagen sich die alten Schreiber in diesem Zusammenhang stets auch über verschlammte Wasserwege, Kanäle, in denen das Kraut wuchere, und wir lesen, daß das Getreide verdurste. Es ist nicht leicht festzustellen, welche Wassermengen bestimmte Pflanzenarten in der heißen Sommersonne Ägyptens zum Wachstum und Reifen brauchen. Für die Baumwolle aber existieren Berechnungen. Die gesamte Regenmenge, die zum Beispiel im gemäßigten englischen Klima ausreichen würde, benötigt ein Baumwollfeld in Ägypten in drei Wochen. In Perioden großer Hitze dagegen werden etwa zwanzig Tonnen pro Morgen und pro Tag gebraucht.

Früher erreichte die Nilschwemme Kairo Ende Juni, und die Ankunft des Überschwemmungswassers wurde zunächst mit einem tatsächlichen, später mit einem symbolischen Menschenopfer gefeiert. Dann stieg der Fluß den Sommer über bis zum Höchststand im Herbst an. Ab Oktober ging das Wasser dann langsam wieder zurück, um im Frühjahr den Tiefstand zu erreichen. Der Schlamm, den die Überschwemmungswasser mitbrachten, lagerte in einem Jahrhundert fast zehn Zentimeter abessinischen Bodens im Niltal ab. Daher die unermeßliche Fruchtbarkeit.

Im Spätsommer und Herbst reichte die durchschnittliche Überschwemmung für die Erfordernisse des Landes aus, große Mengen ungenutzten Wassers ergossen sich ins Meer und waren damit verloren. Schon lange hatte man daher erkannt, daß das Problem der Bewässerung im Frühjahr und Frühsommer weitgehend durch Speicherung dieses überschüssigen Wassers gelöst werden könnte. Mit einem gewissen Erfolg nutzten offenbar die Pharaonen zu ihrer Zeit den berühmten Moerissee, dessen Reste heute im Karun-See erhalten sind, für diesen Zweck. Aber erst mit der Errichtung des Nasser-Damms, der 1968 fertiggestellt wurde, konnte das Überschwemmungswasser vollständig unter Kontrolle gebracht werden. Die riesige Sperrmauer, die das Niltal kurz vor der Stelle überragt, wo sich der Nil durch das Gebiet des Ersten Kataraktes windet, speichert das Überschwemmungswasser in einem Reservoir von 500 km Länge und 10 km Breite bis in den Sudan hinein. Die Schleusen dieses gigantischen Vorratsbeckens geben nur das nach Plan benötigte Wasser frei, so daß nunmehr die Ackerflächen das ganze Jahr über bewässert werden können. Der bebaubare Boden wird also ohne Unterbrechung genutzt, zwölf Monate im Jahr hat der Fellache heute eine bestimmte Menge Wasser zur Verfügung. Im Gegensatz dazu war die alte Beckenspeicherung zwar weniger produktiv, dafür aber gesünder und zumindest pittoresker. Als noch große Teile des flachen Bodens eine Zeitlang unter Wasser lagen, begann der Fellache – wie Noah – mit der neuen Aussaat, sobald die Erde aus dem zurückweichenden Wasser auftauchte. Die Überschwemmungswasser und der normale Wasserstand des Flusses werden jetzt mit derartiger Präzision genutzt, daß im Frühsommer praktisch nur die Abwässer aus den Bewässerungsgebieten durch das Bett des Nils ins Meer gelangen. Seit langem hatten die Ägypter auch bereits die Notwendigkeit erkannt, in Rosetta und Damiette sogenannte ›Barrages‹ zu errichten, um zu verhindern, daß das Meereswasser in die Nilmündungen drängte. Die Nebenwirkungen des Nasser-Staudamms dürfen nun aber in ihren negativen Aspekten nicht übersehen werden. Der für die Düngung notwendige Schlamm lagert sich heute ungenutzt im Speicherbecken ab, und die das ganze Jahr über aufrecht erhaltene Bewässerung des Niltales hat den Grundwasserspiegel steigen lassen. Das ehrgeizige Projekt des Großen Staudamms könnte sich auf lange Sicht als verheerender Eingriff erweisen.

Über natürliches Gefälle erreicht das regulierte Wasser zumeist die Felder. Es wird also nicht mittels elektrisch betriebener Turbinen oder ähnlicher Hilfsmittel auf die Felder hinaufgepumpt, sondern durch Dämme, die oft mehr als hundert Kilometer oberhalb der Gebiete liegen, die bewässert werden sollen, aufgehalten. Über allmählich sich absenkende Kanäle, die höher als die Flußoberfläche liegen, wird das Wasser dann mit natürlichem Gefälle den Gebieten zugeleitet, die bewässert werden müssen.

Die ganzjährige Bewässerung und die größere Menge nutzbaren Wassers ermöglichen zwei bis drei Ernten pro Jahr und haben vor allem den intensiven Baumwollanbau im Delta bewirkt. Die Pharaonen kannten bereits Baumwolle als Pflanze in Baumform, während die heute übliche Baumwollpflanze von Mehemet Ali eingeführt wurde. Ägypten produziert nicht allein aufgrund seiner Boden- und Klimabedingungen, sondern auch durch die billigen Arbeitskräfte, die sich ständig um die Pflanzungen kümmern können, die feinste Baumwolle der Welt. Darauf gründet sich ein großer Teil der Einnahmen des Landes mit nicht weniger als vierhundert Millionen Dollar. Im Gegensatz dazu ist die in Ägypten angebaute Weizensorte, obgleich das Land einmal die Kornkammer des Römischen Reiches war, im gleichen Maße minderwertig wie die Baumwolle gut ist. Die Fellachen ernähren sich vorwiegend von Linsen oder Mais, wobei der Mais erst im vorigen Jahrhundert heimisch wurde und eine schnell reifende Frucht darstellt. Berseem, der allgegenwärtige einheimische Klee, erfüllt einen doppelten Zweck: zum einen stellt er ein ausgezeichnetes Viehfutter dar, zum anderen dient er aufgrund seiner stickstoffbildenden Eigenschaften als Düngemittel. Der fruchtbare Boden und die freigiebige Sonne bringen fünfzig bis sechzig Tonnen Klee pro Morgen in wenigen Monaten hervor. Als weitere Nutzpflanze kommt mit an erster Stelle Zuckerrohr hinzu, das vorwiegend im Süden angebaut wird, sowie Reis und Zwiebeln für den Export. Millionen dieser geruchsintensiven Früchte setzt Ägypten in Europa ab.

Im Bereich des Handwerks hat sich für den Fellachen weniger verändert als im Ackerbau. Die Welt interessiert sich nur für Veränderung der Gewohnheiten, wenn diese Veränderungen finanziellen Gewinn abwerfen. So sind die alten Handwerkssitten im wesentlichen gleich geblieben. Einschließlich der traditionellen Arbeitsweisen der Handwerker sind die Produkte heute im Grunde die einzigen Zeugnisse für ein noch lebendiges ästhetisches Empfinden der Ägypter. Außerdem bildet das Handwerk das Bindeglied zur pharaonischen Zivilisation, die ohne Zweifel im größeren Umfang bessere Handwerker hervorgebracht hat als jede andere Kultur. Diese Handwerkstraditionen sollte man jedoch nicht verwechseln mit den Metallarbeiten, den Einlegearbeiten und Perlmuttarbeiten, die der Basar für den Touristen bereithält. Die Erzeugnisse der Fellachen haben funktionelle Bedeutung. Die Ziegel, die da geformt und getrocknet werden, sind nicht für den Kaminsims gedacht, und die Körbe mit ihrer reichen Ornamentik sind für den täglichen Gebrauch im Dorf bestimmt. Die feinen Tücher der Weber, die Kamelhaardecken und gestreiften Satteltaschen sollen ebenfalls nicht bewundert, sondern benutzt werden. Das gilt zudem auch für die braunen, lederfarbenen und blauen Teppiche, die die Frauen weben. Schon in ihrer

Verwendungsfähigkeit und Einfachheit liegt die Hälfte ihres Charmes.

Auch die Produkte des Töpfers, der noch immer einer der talentiertesten und liebenswertesten Handwerker des Dorfes ist, sind für den Gebrauch bestimmt. Mit der Hand geformt oder auf der Töpferscheibe hergestellt, gehören die Keramikwaren zum Originellsten, was Ägypten zu bieten hat. Oft ohne Glasur oder nur mit einem einfachen rotbraunen Muster verziert, kehren die alten Formen im wesentlichen immer wieder. Die enghalsigen Wasserkühler aus porösem Ton, die auf der Fensterbank stehen, oder auch die größeren Krüge, die die Frauen auf ihrem Wege zum Fluß oder Kanal auf dem Kopf tragen, sind so perfekt in der Form, dabei so oft wiederholt, daß sie gar nicht mehr auffallen. Wie in pharaonischer Zeit wird um die größeren Gefäße unterhalb der Gefäßmitte eine Schnur gelegt, damit sie während des Trocknungsvorgangs in der Sonne nicht ihre Form verlieren. Wenn sie dann in den Brennofen kommen, wird diese Schnur entfernt. Bei westlichen Tonwaren, die sich dieser Methode schon lange nicht mehr bedienen, ist der Abdruck der Schnur nur mehr als dekoratives Relikt geblieben. So entrichten wir unbewußt unseren Tribut an diejenigen, die zu den ersten Töpfern überhaupt zählten und deren Traditionen sich im Niltal ungebrochen erhalten haben.

Als Sklave seines Ackers und unter dem Diktat der Feldfrüchte sowie derjenigen, die ihm Wasser zuteilen, hat der Fellache dennoch nicht immer Arbeit. Dadurch, daß die Fläche des bebaubaren Bodens begrenzt und wenig Industrie vorhanden ist, die Bevölkerung aber ständig wächst, entsteht Arbeitslosigkeit. Nicht jeder kann jederzeit arbeiten. Nun wird dieser Zustand im Orient, wo die Menschen weder vom puritanischen noch vom kapitalistischen Arbeitsethos angekränkelt sind, nicht immer gleich als Katastrophe betrachtet. Eine gewisse angenehme Unterbrechung wird durchaus akzeptiert; denn noch leidet hier niemand unter »the white man's heaviest burden«, dem Fluch der Langeweile. So gibt es in jedem Dorf ein bestimmtes Potential von Leuten, die vor sich hindösen, aber gemeinsam mit einem Haufen Kinder sofort zur Stelle sind, wenn ein Fremder naht. Diese glücklichen Arbeitslosen spielen Stunde um Stunde Karten, breiten ihr Brettspiel auf dem Boden aus, sinnieren im Schatten einer Mauer über dem Schachspiel. Obwohl die Ptolemäer einst versucht hatten, den Ägyptern athletische Übungen als sinnvoll erscheinen zu lassen, ist wirkliche Muße für sie noch immer mit ruhigem Sitzen verbunden.

Bei der Arbeit wie beim Müßiggang bieten die Fellachen eine beneidenswerte Fröhlichkeit und viel Sinn für Unterhaltung auf. Kleine Freuden entdecken sie überall, und damit wird ihr Leben erträglich. Wenn man beobachtet, wie sie Kaffee trinken, rauchen, Freunde necken, andere zum Lachen bringen oder mit der Trommel den Refrain eines Liedes begleiten, dann fällt dieses besondere Talent zum Vergnügen auf. Da Haschisch ihnen von weißen Geschäftemachern genommen wurde, haben sie in genialer Weise die Eigenschaften des Tees studiert[4]. In den größeren Dörfern sieht man die Fellachen wie sie, ihre Geschäfte vergessend, hingegeben an den Lippen eines professionellen Geschichtenerzählers hängen und mit leichtem Mißtrauen amüsiert dem gelernten Erfinder lauschen oder sich vom Weisen Mann wahrsagen lassen. Am deutlichsten spürt man das bei den Festen, etwa am Geburtstag des Propheten oder am Schem-en-Nẹssim, dem ›Duft des Zephyros‹. Dieses Frühlingsfest ist vielleicht das malerischste in Ägypten, denn alle ziehen hinaus auf die Felder, um im Freien zu essen und die laue Luft des Frühlings zu begrüßen. Kunstvoll geflochtene Amulette aus Weizenhalmen, ›Braut des Korns‹ genannt, werden angefertigt und in den Häusern aufgehängt, damit das Getreide gut gedeihe und der Familie im kommenden Jahr Glück beschieden sei.

Wer jedoch einen wirklichen Festtrubel erleben möchte, der möge die Fellachen oder auch die einfachen Stadtleute beim ›großen Mulid‹ in einer der Provinzstädte beobachten. In einem Strom von Gelächter, Rufen und Stoßen wird der Besucher in der Menge geschoben, eingehüllt in wogenden Stoff aus Baumwolle und Seide. Die Masse wälzt sich dahin, treibt in Wellen, wirbelt. Sobald der Druck nachläßt, findet man sich auf einem Platz vor der festlich illuminierten Fassade einer Moschee wieder. Ringsherum Lichter, die die bunten Markisen der Kaffeehäuser und Kleidergeschäfte aufglühen lassen. Wie Bienenstöcke summen die Eingänge der Cafés, sind ein einziges Gewirr von Geräusch und Bewegung. Lange Stangen mit Wimpeln ragen hoch über die Köpfe der Menge und heben das Licht zum nächtlichen Himmel hinauf. Ein Getränkeverkäufer im rot-weiß-gestreiften Gewand, das Gefäß mit der eiskalten Erfrischung um die Schulter gehängt, schlägt seine metallenen Tassen wie Kastagnetten. In Scheiben geschnittene Wassermelonen, saftig und glitzernd, bieten sich dar in den Farben Rosa und Grün. Aufgeschichtete Süßigkeiten bilden Kaskaden farbigen Kristalls. Neben kandierten Mangofrüchten und Bonbons kopulieren Zuckerpferde, eßbares Symbol alter Fruchtbarkeitsriten. Ein Scherif, möglicher Nachkomme des Propheten, im ausgeblichenen grünen Turban; zwei oder drei dunkelhäutige Beduinen mit scharfkantigem semitischem Gesicht tragen Messer in ihren gemusterten Ledergürteln und zusammengefaltete Decken über ihren Schultern; eine hohläugige, schüchterne Gestalt im strengen schwarzen Mantel und blütenweißen Turban, allein, dürfte Student des Islam an der al-Azhar-Universität sein; dazwischen drängelnd ein paar Negroide mit Stammesnarben auf den Wangen; auch der blinde Bettler fehlt nicht. Unter wildem Beifall fährt eine Ladung Dirnen, mit übergeschlagenen Beinen auf einem kleinen flachen Wagen sitzend, vorüber. Ihr braver weißer Esel, der den Wagen zieht, bleibt gleichgültig gegenüber dem Aufruhr. Sobald der priapeische Aufzug vorbei ist und die Menge sich lichtet, heben sich die Familiengruppen wie stille Inseln im Getriebe ab. Sie sitzen still auf der Erde, essen, manche schlafen, als ob sie sich auf Tage hier einquartiert hätten.

In den kleinen Seitengassen wird das Gedränge wieder stärker. Stimmen und Gesten vermengen sich zu einem unentwirrbaren Gemisch. Hier ist es dunkler, obwohl jede Hütte eine Aura Licht verbreitet. Um die Stühle vor den Kaffeehäusern ballen sich die Menschen. Immer langsamer kommt man voran. Ein Geschichtenerzähler, genau und informativ, breitet eine seiner vertrauten Erzählungen aus. Weiter hinten trägt ein Sänger, eine Hand an die Wange gepreßt, eines jener seltsamen, ewig nostalgischen ägyptischen Lieder vor, die den Zuhörer in die Magengegend treffen. Zum dumpfen Ton einer Trommel führen zwei Männer mit Stökken einen Scheinkampf vor, rhythmisch vor- und zurückgehend, als ob sie den günstigsten Angriffspunkt suchten, der nie zu finden ist. Dieser Stocktanz mit seinen abgezirkelten, statuarisch wirkenden Bewegungen gehört zum Besten, was Ägypten zu bieten hat. Seine fließenden Bewegungen in Gemessenheit symbolisieren männliche Grazie und Ausgewogenheit. Sie schwingen die Stöcke ohne Hast, dennoch scheint sich der Kampf einem Höhepunkt zu nähern, steigert sich die Spannung, der unausweichliche Schlag der Trommel läßt die Auseinandersetzung schicksalhaft werden.

In einem der etwas versteckter liegenden Kaffeehäuser findet der *danse du ventre* statt. Seit undenklichen Zeiten ist er das Privileg der Ghasijahs, Zigeunermädchen, die einem alten Stamm angehören und fast eine besondere Klasse bilden. Der oft verlästerte Bauchtanz in seiner merkwürdig gelösten und abstrakten Eigenart gehört untrennbar zu Ägypten und seiner Landschaft. Wenn er plump wirkt, liegt das nicht am Tanz, sondern an der Tänzerin. Dieser Tanz kann auch erotische Ausstrahlung haben, aber für das Auge des Nicht-Orientalen sind die Ghasijahs zu fett und wenig einladend. Bei einer Könnerin erinnert der Bauchtanz mit seiner Rhythmik an die Muskelkontraktionen einer sich ringelnden Schlange oder an die Bewegungen einer pulsierenden Seeanemone. Im Grunde ist er abstrakt und unromantisch. Die wirklich guten Ghasijahs kontrollieren ihre Muskeln so vollkommen und setzen ihre Gesten so gezielt ein, daß sie an die Fähigkeiten einer Ballerina heranreichen.

In Rauch und Licht, zu Gelächter und Zoten der Zuschauer und unter verhaltener musikalischer Begleitung, betritt die Tänzerin – manchmal nackt bis zu den Hüften, den Tanzboden. Sie ist behängt mit Flitterschmuck und Metallplättchen, deren Klang ihre Bewegungen entweder unterstreicht oder den kontrapunktischen Rhythmus setzt. Bisweilen verwenden die Tänzerinnen Kastagnetten. Der Tanz selbst besteht aus rhythmischem Schwingen und Wogen, der perfekt beherrschten Bewegung eines jeden Muskels. Darüber hinaus gibt es natürlich Variationen und virtuose Zutaten. Die Muskelkontrolle der Ghasijahs geht so weit, daß sie mit ihrem

Körper einen ersten Rhythmus anschlagen können, daraus einen zweiten modulieren und ihn mit einem dritten mischen, während das vollendete Schlängeln und die Konzentration erhalten bleiben. In diesem Tanz drückt sich vegetabilisches Wachstum aus, er gehört eher in die Welt der Pflanzen als die der Menschen. Wenn der Tanz in einem Wirbel schneller Drehungen ausklingt und der Applaus losbricht, dann hat man das Gefühl, der Bewegung des Meeres oder den Strudeln des Überschwemmungswassers zugeschaut zu haben.

Inzwischen ist es spät geworden, aber ein faszinierender, monotoner Gesang aus der Tiefe der Straße zieht uns an. In einer Seitengasse bietet sich ein seltsames Schauspiel. Ein alter Musiker berührt mit den Lippen die Flöte, und eine Gruppe aufgereihter halbnackter Männer preist mit Wiegen und Verneigen in endlosem Unisono den Namen Gottes: Allah, Allah, Allah … Längst bedeutungslos und ohne Ton ringt sich die verwandelnde Beschwörung aus trockenen, heiseren Kehlen hervor. Schweiß strömt über die Gesichter, ausdruckslos starren die Augen ins Leere. Es sind die ›bellenden‹ Derwische. Ihr Ritual dauert bereits Stunden. Fällt einer der Mitwirkenden erschöpft um, nimmt ein anderer seinen Platz ein. Von der Anrufung wie von einer Droge betäubt, nehmen sie weder sich selbst noch ihre Umwelt wahr. Offenbar gewährt es große Befriedigung verloren zu sein an Allah, an die Felder und ihre unergründlichen Geheimnisse.

Der Zikr oder Derwischtanz ist das eigentliche

Herz einer Mulid, das logische Ende der Festesfröhlichkeit, die für den Fellachen eine Art Flucht aus dem Leben bedeutet. Mohammed hat den Wein, das 20. Jahrhundert Haschisch und Derwischorden verboten. Trotzdem sind einige durch den Tumult der Straße in diese dunkle Ecke vorgedrungen, um sich in Vergessenheit zu wiegen, Allah, Allah, Allah ... Die Beschwörung hält an; der Nil ist beruhigt, die Ernte eingebracht, und Ägypten entschwindet. Der Fellache ist eins mit seinen Wünschen.

SECHSTES KAPITEL

Die Lebenden und die Toten

Nirgendwo wird die eigene Vergänglichkeit deutlicher vor Augen geführt als in Ägypten. Wenn auch die Sonne scheint und der Nil seinen Zauber verbreitet, dem Gedanken an den ›Schädel unter der Haut‹ kann niemand entfliehen. Trotz überquellender Fruchtbarkeit und geschäftigen Treibens der auf engstem Raum zusammengedrängten Menschen rahmt der Tod diese Bilder, beherrscht die hastigen Gebärden der Lebenden. Das gesamte Niltal hinunter stellen die Totentempel, Felsgräber und hoch aufragenden Pyramiden ein ununterbrochenes *memento mori* dar. Mahnend dringen sie in das Innere ein und zügeln den kühnsten Enthusiasmus, sobald das Auge von den grünen Feldern aufblickt zum Wüstenrand.

Die Ägypter waren sich seit ältesten Zeiten stets der transitorischen Aspekte des Lebens bewußt. Sie lebten auf der Erde, von der Erde und wußten, daß sie in die Erde zurückkehren würden. Die Tatsachen konnte niemand leugnen. Daher bemühten sich die alten Ägypter wohl mehr als alle anderen Völker, die bittere Pille zu versüßen und wandten sich begierig den Möglichkeiten der Wiederauferstehung zu. Die Beharrlichkeit, mit der sie auf dem Leben nach dem Tode bestanden, spiegelt im Grunde den undifferenzierten Zustand wider, in dem so viele von ihnen – erinnern wir uns doch der namenlosen Vielen, die die Pyramiden bauten – ihr Leben auf Erden zubringen mußten.

So entstanden die Mumifizierung und der Kult der Wiedergeburt, Anzeichen einer Flucht aus dem feuchten Schwemmland des Nils in die trockene, erhaltende Wüste. Früh schon erforschten sie die Möglichkeiten der Selbstbewahrung: Bitumen wurde bereits in den einfachen Begräbnissen aus der Zeit vor 6000 Jahren gefunden[5]. Nach und nach baute dann eine ganze Gesellschaft, vom Pharao abwärts, eine komplizierte Organisation um die Selbstverewigung in einer anderen Welt auf. Mochten die Pharaonen Pyramiden errichten, um sich doppelt abzusichern, für die übrigen gab es doch die Mumifizierung oder zumindest einen Platz am Wüstenrand, für den jeder Geldbeutel reichte. Selbst in der zweihundert Kilometer weit in der Libyschen Wüste gelegenen Oase el-Charga ist eine ausgedehnte Nekropole erhalten.

Zu allen Zeiten waren der Tod und die Toten in der Welt der Lebenden gegenwärtig. Am Rande der Wüste zur Ruhe gebettet, mischten sich die ›Westlichen‹ – wie sie genannt wurden – schamlos in die Angelegenheiten der Talbewohner ein. Ihr Leben lang sparten die Menschen, um zu einem sicheren Ort im Tode zu gelangen, und sie sammelten Obulusse für die letzte Überfahrt zum Westufer. Daher stamme – so heißt es – die Legende vom Styx. Nicht einmal bei Schwelgerei und Lustbarkeiten konnten sie den künftigen Zustand vergessen; denn bei solchen Anlässen wurde ein Sarg herumgereicht, der die Anwesenden hart auf die Erde zurückbrachte. Der Tod drang selbst ins Heiligtum des Geschäftemachens ein, ein Mann, der mit seinen Möglichkeiten am Ende war, konnte völlig legal die Mumie seines Vaters verpfänden.

Die endlose Reihe der Felsgräber und Pyramiden, jener Beinhäuser, aus denen der Besucher blinzelnd zum Sonnenlicht auftaucht, legen beredtes Zeugnis ab von der Sorge der Ägypter um den Tod. Von Fledermäusen heimgesucht, der Zeit entrückt, weder kühler im Winter noch heißer im Sommer, offenbaren sie mit aller Eindringlichkeit nicht die Wiedergeburt, die sie sichern sollten, sondern die Herrschaft des Grabes. Nicht umsonst kennen wir so vieles, was wir über das Alte Ägypten wissen, aus Papyri und Gräbern der Toten. Auf Tausenden von Wänden, die niemals für das Auge der Lebenden bestimmt waren, bietet sich die untergegangene Kultur dar. Die gemeißelten und gemalten Figuren, zur ewigen Scharade erstarrt, geben uns all das preis, was die Zeit im allgemeinen verbirgt. Säen und Ernten, das Steigen und Fallen der Nilflut, die Arbeit des Schreibers und des Handwerkers, die Jagd auf den Löwen und das Speeren der Fische; Geburt, Hochzeit, Krieg, Feste und Tod. Für immer in Stein festgehalten, liegt der Sklave auf den Knien, schreitet Pharao, und die stilisierte Königin auf dem Thron empfängt Früchte und Verehrung. All dies Kommen und Gehen, die Geschäftigkeit und der Prunk des Lebens, Wachstum, Blüte und Verfall einer Kultur existieren offenbar nur für die Sicherheit, die Ehre und zum Ergötzen der Toten.

Die Zahl der sorgfältig behausten Toten in Theben, Abydos und Memphis läßt sich nicht errechnen. Obwohl sich Grabräuber und Archäologen zu den Pharaonen vorschaufeln, schlafen die meisten noch unberührt unter dem Sand. Groß ist die Zahl derer, die in Ägypten gestorben sind und begraben liegen; denn die Zeit reicht weit zurück in diesem Land. Wie sagt Sir Thomas Browne: »Längst schon übersteiget die Zahl der Toten jene derer, die noch leben werden, die Nacht der Zeit währet länger als ihr Tag und wer vermöchte zu sagen, wann Tagundnachtgleiche war?« Im Sand, in Felsklippen und unter Bergen von Stein sind zahllose Ägypter beigesetzt und unvergänglich bewahrt worden, unter immensen Kosten und mit der Hoffnung auf Wiedergeburt.

Keiner dieser Toten, hält man sich an die Gesetze der Vernunft, dürfte wieder auferstanden sein. Darin liegt das Pathos des Niltales; das macht die Gräber und Pyramiden so menschlich und für den Fremden ergreifend. Behutsam und leise betritt er diese Stätten, die ihn mit der maßlosen Verblendung der Menschheit konfrontieren und ihn doch weitaus stärker berühren als ihre vielfältigen Errungenschaften. Eingedenk der von der Natur gesetzten Grenzen seines Verstandes fühlt der Besucher angesichts dieser Gräber seine eigene Hinfälligkeit und Fehlbarkeit, erkennt, wie anfällig er ist für den Irrtum, den kein Raisonnieren aus der Welt schaffen kann. Der Reichtum und die Energie, die für den Bau dieser Mausoleen aufgewendet wurden, sind verschwendet worden und werden auch in unserem Leben und zu unserer Zeit umsonst sein. Die Menschen haben sich in der kurzen Frist der ägyptischen Geschichte nicht geändert, nur ihre Selbsttäuschungen haben sich gewandelt. Mit dieser Erkenntnis wandert der Fremde bescheiden durch die großartigen und dennoch vergeblichen Bauwerke.

Der alte Kult für die Toten und die Angst vor Verderbnis sind am eindringlichsten im Tal der Könige zu spüren. Nach der Aufbahrung im Palast, ausgestopft mit Balsam, Kassie und Myrrhe, mußte jeder Pharao des Neuen Reiches nach dem geltenden Brauch in diese Schlucht eingehen. Aus dem anstehenden rötlichen Fels gehauen, in angemessener Entfernung vom Babel des ›hunderttorigen Theben‹, kriechen die Grabgänge über Kammern und Vorkammern unendlich weit in die Dunkelheit des Berges hinein. An den Wänden postieren stumme Gestalten, und die Hieroglyphen verträufeln ihre Geschichten vom Glauben. Hinter schweren steinernen Falltüren, in einer Nische des letzten und innersten Raumes blieb die Mumie in ihrer doppelt und dreifachen Umhüllung aus Gold und Lapislazuli allein. Von nun an starrte das Bildnis des toten Königs in der stickigen trockenen Luft zur Decke empor, harrte vergeblich der Erlösung durch Osiris und sehnte umsonst das Ende sterblicher Angst vor dem Eingeschlossensein herbei.

Welche Aristokratie repräsentierte dieses Tal in seiner Blütezeit! Es war die exklusivste Gesellschaft der Welt, denn die Pharaonen, Herrscher und Götter zugleich, wahrten auch im Tode noch Distanz. Kein Edelmann oder Bürger konnte sich hier Eintritt verschaffen, weder mit List noch mit Schmeichelei. Das Königtum genoß das Privileg, allein und abgesondert auf den Jüngsten Tag zu warten, der niemals kam. Nicht einmal die Gattinnen durften an der Seite ihres königlichen Gemahls ruhen. Sie hielten Hof in ihren eigenen Salons aus Fels im benachbarten Tal der Königinnen. In Goldhüllen und edlen Särgen bildeten sie eine glänzende Versammlung an Schönheit und majestätischer Grazie, wie sie an den Höfen der Lebenden nicht ihresgleichen hatte. Aber nichts regte sich hier, keine Stimmen wurden laut. Niemals mehr bot sich die Gelegenheit, ihren juwelengeschmückten Charme zum ewigen Gefallen der Götter und Könige zu entfalten, wie sie es sich selbst so ausdauernd versicherten. Die Wiedergeburt der Könige und Königinnen vollzog sich jedoch auf ganz andere Weise, als sie je geahnt hatten, jäh und brutal. Grabräuber brachen ein, Falltüren wurden bezwungen, der Schein der Fackeln warf lange Schatten. Die Kammern hallten wider vom eiligen Getrappel der Füße und plebejischer Rohheit. Aus ihrer erwartungsvollen Bewe-

17 *Abu Simbel und der durch den Assuan-Damm gestaute Nil*

18 *Anlegestelle bei Assuan zur Überfahrt nach Elephantine →*

gungslosigkeit wurden sie wachgerüttelt. Fort mit Gold, Juwelen und Alabastergefäßen! Wie von stürmischen Liebhabern wurden den Schönen die Hüllen heruntergerissen und den Königen das Mumienleinen abgenommen wie Verwundeten der Verband. Der Pharao selbst wurde als heilende Relique, als Balsam verkauft[6]. Zu diesen Stätten der Verwüstung kamen Jahrhunderte später die Neugierigen: zunächst die frühen Reisenden, später die Archäologen. Sie hielten Nachlese, wo die Räuber etwas übrig gelassen hatten. Wer das Schienbein eines Pharao für Pfennige erwarb, bestaunte sein schieres Alter ohne die Pointe zu begreifen: daß dies das Ende von Menschen sein sollte, denen das Jenseits für so real gegolten hatte wie das Diesseits, und die lange vertrauensvoll bemüht gewesen waren, ihrer Stellung entsprechend dort Eingang zu finden.

Die kuriosesten Wesen, die offenbar Wiederauferstehung erwartet hatten und ebenfalls nur Räubern in die Hände fielen, waren wohl die heiligen Stiere des Apis. Das Serapeum in Saqqara, das die mumifizierten Tiere goldverschnürt unter der Erde birgt, jedes in einem riesigen Granitsarkophag, ist zweifellos einer der interessantesten und schaurigsten Orte der Welt. Zu Lebzeiten war jeder dieser Stiere die Inkarnation des Gottes gewesen und darum im Tode mit ungeheuren Kosten und mühevoller Arbeit beigesetzt worden. In der Spätzeit rankte sich ein so machtvoller Kult um diese merkwürdige Personifikation, daß selbst Alexander der

19 *Wasserschöpfrad (Sakia) am Nil zwischen Luxor und Assuan*

Große diesem göttlichen Tier seine Verehrung erwies. Daß derartig gigantische Sarkophage an die Begräbnisstelle manövriert und diese massigen Kreaturen mumifiziert und wie Bräute zärtlich geschmückt wurden, mag verwundern, weitaus größeres Erstaunen weckt die unheimliche Fehlanwendung menschlicher Intelligenz, von der der Kult Zeugnis ablegt[7]. Man kann sich des Eindrucks nicht erwehren, hier sei ein schreckeneinflößender Schwachsinn am Werke; denn diese Gräber offenbaren den endemischen Stumpfsinn der Menschheit. Hier erkennt man, daß diese Dummheit um einen herum ist, daß sie den Heiligen wie den Sünder befällt und sich sogar in den eigenen gutgemeinten Absichten verbergen kann. Es mögen ja gute Menschen gewesen sein, die den Stier verehrten, sicher waren sie gute Handwerker und gute Ingenieure, aber etwas zutiefst Dumpfes in der menschlichen Natur muß ihre Energie in Wahnsinn verwandelt haben, daß sie dem Rindvieh ein Grabmal errichteten. In den Stiergräbern kann man sich des Gefühls nicht erwehren, daß der Mensch seit undenklichen Zeiten ständig mit irgendeinem Wahn herumläuft.

Das Ansehen, welches die Apisstiere genossen, mag außergewöhnlich gewesen sein, aber ähnliche Kulte existierten damals in ganz Ägypten. Vom Tausendfüßler bis zum Ibis erhielt die gesamte, nicht mit Vernunft begabte Schöpfung symbolische Bedeutung, und in der Vorstellung des einfachen Volkes waren bald jedes Feld und jeder Bauernhof von Tiergöttern bewohnt. Die Griechen behaupteten denn auch, daß man in Ägypten eher einem Gott als einem Menschen begegnen könne, und Juvenal versichert verständlicherweise schokkiert, daß »die ganze Stadt einem Hunde opfert, niemand aber der Diana«. Bubastis rühmte sich des Kults der heiligen Katzen, und Latopolis in Oberägypten verdankte seinen Namen dem *latus,* einem großen Nilfisch, dessen heilige Mumien noch den Reisenden im 19. Jahrhundert für wenig Geld verkauft wurden. In Krokodilopolis im Fayum war es aber wohl, wo die Entwicklung des Tierkults die Vollendung erreichte. Dort, in der Nähe des verschwundenen Labyrinths, das Herodot seinerzeit mehr beeindruckte als die Pyramiden, eine ausgedehnte Anlage, größer als alle erdenklichen Bauwerke in Griechenland, hielt man heilige Krokodile. Diese Reptilien mit schmuckbehangenen Füßen, ebenfalls Inkarnation eines Gottes, fütterten die Gläubigen mit Kuchen und honiggesüßten Getränken. Um die verzärtelten Monster, die träge in der Sonne badeten, hatte sich eine zahlreiche und mächtige Priesterschaft mit Tempeln und Ritualen aufgetan, so daß die zahmen Amphibien schließlich Leben und Energie eines ganzen wohlhabenden Landstriches verbrauchten.

Damals wie zu allen Zeiten bestand in Ägypten eine tiefe Kluft zwischen denen, die Ideen gebaren, und jenen, die sie in die Tat umsetzten. Der Kerngedanke der ägyptischen Religion unterschied sich fundamental von den Auswirkungen, die er im

Volk hatte. Die Krokodile waren eine Nebensache für den Glauben, und nur die Fellachen sahen Götter auf ihren Feldern. Die Gebildeten dagegen glaubten seit frühester Zeit an einen höchsten Schöpfergott. Die vielen ›Götter‹ stellten nur einzelne Aspekte dieser einen Gottheit dar, so daß die ägyptische Religion nur mit Einschränkungen polytheistisch genannt werden sollte. Aufgrund der klimatischen Verhältnisse war es nur natürlich, daß sich die Schöpfergottheit zuallererst in der Sonne manifestierte, in deren Gestalt Re jeden Tag aufs Neue die Schlange der Finsternis bezwang, um in seinem Boot über den Himmel zu fahren. Dieser eigentlich monotheistischen Vorstellung waren nun nicht nur ältere oder neuere Götterkreise zugefügt worden, wie sie sich in jeder primitiven Mythologie entwickeln und sich zu überschneiden oder auszuschließen scheinen, sondern auch ansprechende Mythen appliziert. Danach vereinigten sich der Erdgott Geb und die Himmelsgöttin Nut täglich bei Einbruch der Dunkelheit und wurden morgens von Schu, dem Gott des Lichts, der den Himmel emporhob, wieder getrennt.

Zum Verständnis des Erlösungsgedankens und der altägyptischen Religiosität schlechthin trägt jener Mythos bei, der nicht nur bis heute tief berührt, sondern geradezu integraler Bestandteil der Glaubenswelt war und am lebendigsten im Bewußtsein der Menschen erhalten blieb. Die Geschichte von Isis und Osiris kennt viele Varianten, doch im wesentlichen wurde sie wie folgt erzählt. Osiris herrschte als Mensch göttlicher Abkunft über Ägypten und brachte als Verkörperung des Guten dem Land Gesittung und Glück. Von seinem Bruder Seth, Verkörperung des Bösen und der Zerstörung, wurde er in vierzehn Teile zerschnitten und diese Teile in alle Winde verstreut. Auf der Suche nach ihrem Herrn wanderte Isis, seine liebende Gattin, kreuz und quer durch das ganze Land. Als es ihr schließlich gelungen war, seine verstreuten Glieder in Philae zu sammeln, setzte die ›Herrin des Zaubers‹ – wie sie genannt wurde – mit Hilfe magischer Formeln den Körper wieder zusammen und gebar ihm einen Sohn. Horus, der Sohn, rächte sich, als er herangewachsen war, an Seth und verhalf damit dem Guten zum Sieg über das Böse. Als Mutter des Horus wurde Isis zur ›Gottesmutter‹, der die Ägypter zahllose Statuetten weihten, die sie als Nährende darstellen, wie sie ihrem Sohn die Brust reicht. Endlich wurde der göttliche Gemahl Osiris durch den Gott der Weisheit, Thoth, zu neuem Leben erweckt, und als Unsterblicher nahm er seinen Platz unter den Göttern im Jenseits ein.

Die Bedeutung dieser Legende für die ägyptischen Vorstellungen von der Wiedergeburt kann nicht genug hervorgehoben werden. Da Osiris den Tod überwunden hatte, mußte dies nicht auch anderen möglich sein? Hierin lag Hoffnung für einen jeden Sterblichen. »Wie Osiris lebt«, heißt es in den Pyramidentexten, »wird auch er leben; wie Osiris nicht starb, soll auch er nicht sterben; wie Osiris nicht verdarb, soll auch er nicht verderben«. In der naheliegenden Ausweitung des Gedankens verwandelte sich das zufällige Geschehen um ein Individuum zum allgemein gültigen, Osiris wurde nicht nur Gott, sondern Ursache und Mittel der Auferstehung schlechthin. Vor den großen Göttern war er der Anwalt der Menschheit. Er trat für sie ein, weil er sich seines eigenen Abstiegs in den Tod erinnerte. Die Ähnlichkeit zwischen Christentum und Osirismythos ist schwerlich zu übersehen. Hier wie dort der Gottmensch, der leidet, stirbt und aufersteht. So wie der Christ glaubt, daß er gleich Christus selbst in die Arme des Vaters aufgenommen wird, so glaubte auch der Ägypter von seinem gottesfürchtigen Mitmenschen, daß »dir die Tore des Himmels offenstehen und die großen Riegel entfernt werden für dich. Dort findet du Re, er nimmt dich bei der Hand und führt dich zur heiligen Stätte des Himmels«. Isis und die göttliche Empfängnis des Horus haben ihre Parallele in der Geschichte von der Jungfrau. Späte Statuetten der Isis mit dem Horuskind sind oft nicht zu unterscheiden von den ersten ägyptischen Darstellungen der Maria mit dem Jesuskind. Darum ist es auch kaum verwunderlich, daß das Christentum in Ägypten bereitwillig angenommen wurde. Die Menschen entdeckten offenbar in der neuen Religion die vertrautesten Züge der alten wieder und einige nicht zu unterschätzende Vorteile darüber hinaus.

Um die Legende von Osiris entwickelte sich ein gewaltiger Auferstehungskult mit dem Zentrum Abydos, wo angeblich der Kopf des Osiris ruhte.

Der Erretter Osiris tastete allmählich sogar die alten Vorrechte des Re an, und die Priesterschaft des Osiris rivalisierte mit den Dienern des großen Gottes. Entsprechend dem Körper des Osiris, den Isis sorgfältig bewahrt hatte, wurden auch die Toten Ägyptens Jahrtausende lang mumifiziert, wie Osiris seine Unsterblichkeit erst nach erfolgreicher Befragung durch die Götter erreicht hatte, konnten auch die toten Sterblichen nur dann ins Paradies gelangen, nachdem sie die Gerichtshalle der Unsterblichen passiert hatten, wo ihr Schicksal auf der Waage lag. In dieser Vorstellung vom Gericht liegt die Verbindung zwischen Ethik und Religion im Alten Ägypten, ein Element der Sittlichkeit von außerordentlicher Bedeutung. Osiris, so die geltende Meinung, verlange nicht nur Glauben, sondern auch Werke von den gerichteten Seelen.

Doch das Passieren des himmlischen Tribunals, das jeder Ägypter glücklich hinter sich zu bringen hoffte, war nicht nur für die Guten und Gerechten im moralischen Sinne da. Der positive Ausgang hing wesentlich von der Befolgung des Rituals und von Formeln ab. Man glaubte nicht einfach, daß sich der vergängliche Körper der Mumie in seinen Bandagen taumelnd auf die Füße heben und die Lebensmittel verzehren werde, die man ihm gelassen hatte. Sie waren vielmehr für den Ka des Toten bestimmt, ein Begriff, der sich vielleicht mit Lebenskraft wiedergeben ließe. Die sterbliche Hülle stand nicht auf, und die Mumifizierung stellte nur den *point de départ* dar, von dem aus sich die unsterbliche Seele zur Gerichtshalle der Götter aufmachen konnte. Vor den Richtern behauptete die Seele des Toten zunächst, daß sie rein sei. Vor einer Versammlung von zweiundvierzig Göttern wurde danach das Herz gegen die Feder der Rechtschaffenheit und Wahrheit aufgewogen. Der schakalsköpfige Anubis hielt die Waage, und Thoth verzeichnete auf einer Papyrusrolle das Ergebnis. Waren Herz und Feder in der Balance, entkam der Tote dem Verschlinger und setzte seine Wanderung in den Hallen der Unterwelt fort. Hier kam es dann auf das Abrakadabra der Priester und die magischen Formeln an den Wänden an, die von höchster Bedeutung waren. Vor den unsterblichen Befragern mußte er Spießruten laufen, und nur die Beschwörungsformeln ermöglichten ihm die richtige Antwort, so wie einst der Zauber des Thoth Osiris gerettet hatte. Hatte er diesen gefahrenreichen Weg hinter sich gebracht, erwartete Thoth erneut den Toten, um ihn vor Osiris zu führen. Für diesen Augenblick waren die endlosen Inschriften mit Nennung des Namens gedacht, denn allein um auch nur in die Nähe des Gottes zu gelangen, brauchte man einen Namen. Die letzte Fährnis der schweren Prüfung nach dem Tode bestand darin, namenlos vor der Gottheit zu erscheinen.

Alle Mühen endeten für den Ägypter erst, wenn Osiris ihn gnädig angenommen hatte, dem das gleiche Schicksal des Sterbens und der Wiederauferstehung zuteil geworden war. Als Unsterblicher trat er dann in die Bruderschaft der Götter ein. »Du sollst herzukommen zum Himmel, du wirst über den Himmel fahren, du wirst unter die Sternengötter aufgenommen«. Dies war der Wunsch der Menschen auf Erden, und so stellten sie sich den Lohn im Himmel vor. In dieser Vorstellung finden die Gedanken um ewiges Sein ihr Ziel, darin gipfelt die Sehnsucht, die von Dynastie zu Dynastie Gräber in Felsen hauen und Tempel aufrichten ließ, Kennzeichen der pharaonischen Kultur.

Auch im islamischen Ägypten durchdringen die Toten noch immer das Leben. Einen Steinwurf von den Lichtern und der Wärme des Basars entfernt liegen die sogenannten Kalifengräber. Allerdings wurde kein Kalif dort je zur Ruhe gebettet (die früheste Anlage stammt wahrscheinlich aus der Fatimidenzeit), vielmehr enthält diese Stadt der Toten die berühmten Grabmäler der Mamluken aus dem 15. Jahrhundert. Die Kuppelgräber, in denen sich die trauernden Familienmitglieder versammeln sollten, waren einst verschwenderisch ausgestattet; mit stillen Medresen und Springbrunnen, die heute kein Wasser mehr führen, mit Koranschulen, deren leere Räume keine Schüler mehr aufsuchen. Einige dieser Grabanlagen, so die des Barquq, Barsbay und Qait-Bay mit ihren herrlichen Kuppeln in Steinmosaik, sind künstlerische Höhepunkte der Architektur. Dennoch verspürt man hier – im Einklang mit dem Zweck – eine sehr bewußte Eleganz, die dem Verfall stets unmittelbar voraufgeht. Diese Gräber stehen am Ende der großen Tradition der islamischen Architektur.

Aus den überfüllten Straßen derer, die noch am Leben sind, gelangt man plötzlich in die Gassen der Toten. Kategorien von Gut und Böse, Äußerungen aus Haß oder Sehnsucht geboren, kommen zur Ruhe angesichts der Stille der Gräber. Bei Sternenlicht oder unter den nuancenreichen Beleuchtungseffekten des Mondes wandert man durch eine Stadt, die nur Gebeine enthält. Kein Laut außer dem Echo eines Schrittes, nur der Wächter ist Zeuge der nächtlichen Wanderung. Unter herrlichen Kuppeln, die sich schwarz gegen den Himmel abheben, in prächtigen Totenpalästen, liegen längst verblichene Herrscher, während in den kleineren Mausoleen die Überreste der Paschas aus dem 19. Jahrhundert ihren unausweichlichen Verfallsprozeß durchmachen. Mit den eigenen Füßen wirbelt man den Staub auf und versucht mühsam, zwischen sich und den Bewohnern dieser Stadt einen Unterschied zu sehen. Aber die stillen Straßen halten keinen Trost bereit. Die Gräber sind so wirklich wie die hellerleuchteten Verkehrswege, und die Versammlung der Schlafenden ist so wirklich wie die wogende, bewegte Menge. Im Weitergehen verwischen sich die Unterschiede zwischen Lebenden und Toten, beide sind Teil eines umfassenden Prozesses, eines Vorgangs, dessen Geschlossenheit das Niltal veranschaulicht. Man ist den Gebeinen näher als die gummibereiften Leichenwagen und sinnestäuschenden Begräbnisriten des Westens glauben machen.

Selbst in den Dörfern des Fruchtlandes stoßen

die Friedhöfe unmittelbar an die Welt der Lebenden an, die Gräber schmuggeln sich zwischen die Häuser. Es kommt vor, daß der Friedhof zugleich der Dorfplatz ist. Häufiger jedoch liegen die islamischen Nekropolen am Wüstenrand. Den alten Ägyptern gleich, die die Gräber ihrer Angehörigen besuchten, halten auch die Fellachen die wöchentliche Zeremonie des Et-Tala oder ›Hinaufgehens‹ ab. Dann ›gehen‹ die Frauen und ein paar Männer des Dorfes am Tage, da die Toten, so heißt es, für ein paar Stunden in ihre Gräber zurückkehren, zu den stillen, windverwehten und verfallenen Gräbern aus Nilschlammziegeln ›hinauf‹. An der Prozession, die aus dem Dorf hinauszieht, beteiligen sich ein oder zwei andächtige Männer, die, für die Toten besonders wohltuend, Passagen aus dem Koran rezitieren und professionelle Klageweiber, wie es sie bereits im Alten Ägypten gab. Als Lohn für die frommen Männer und die Klageweiber haben die Frauen besondere ringförmige Brote bei sich. Gruppen scharf umgrenzter, schwarzgekleideter Gestalten kauern neben den Gräbern in der graubraunen, endlos sich dehnenden Wüste. Der Wind leckt kleine Sandschwaden auf, die im Sonnenlicht über den Boden gleiten. Eine Frau, über das Grab ihres Mannes gebeugt, ruft mit fast alltäglicher Stimme: »Guten Tag, Hassan, wie geht's dir?«. Der vertraute Gruß und die einseitige Unterhaltung brechen die Stille am Wüstenrand.

Wenn auch die Toten heute nach Mekka blicken und nicht mehr der sinkenden Sonne zugekehrt sind, ist doch das Lebensende nicht minder von Ritualen begleitet. Um die Seele für immer von der angeschwemmten Anonymität des Tales und des Dorfes zu lösen, opferten die Fellachen bis vor kurzem einen Hammel oder ein Zicklein, und ihr Blut wurde an der Stelle verspritzt, an der der Tod eingetreten war. Der Leichnam, auf einer Bahre ausgestreckt und in Grün gehüllt, die Farbe des Propheten, wird wie in alter Zeit zur Nekropole getragen, sofern es eine gibt, und damit in die Sicherheit der Wüste überführt. Asche auf dem Haupt, folgen die Trauernden der Bahre, und so bewegt sich der Tote hinaus aus dem engen Umkreis des Nils, von frenetischem Klagegeheul begleitet. Bewußt zieht er sich zurück von der Erde, dem Wasser und der Feldarbeit, die sein Leben beherrscht haben.

Letztlich sind es aber nicht nur pharaonische Gräber und islamische Friedhöfe, die den Tod im Tale stets gegenwärtig sein lassen. Es ist vielmehr der Abstand zwischen dem Fremden und der anonymen Menge der Fellachen. Da der Fremde wenig Kontakt hat mit den dunkeläugigen, barfüßigen, in Baumwolle gehüllten Gestalten auf den Feldern, sieht er in ihnen nicht Individuen und Persönlichkeiten, sondern Einheiten: soundsoviele menschliche Einheiten, die auf eine bestimmte Weise ihr Leben verbringen und an verschiedenen Stellen einer Skala zwischen Geburt und Tod aufgereiht sind. Schönheit, Charakter oder Talent, eine Eigenschaft, die den Einzelnen von den übrigen unterscheidet, verschwimmen gewissermaßen durch das Los, das jeder mit allen anderen teilt. Der Tod ist von vornherein sicher für die Masse, aber es läßt sich nicht absolut verläßlich sagen, ob er auch für das außergewöhnliche Individuum gilt. Kein Beleg ließe sich zitieren. So hielten sich die Könige für unsterblich. Für den Fremden, der von den schuftenden Niltalbewohnern abgesondert ist, gibt es keine Individuen, und so liegt der Tod über jedem Antlitz. Die Überlieferung berichtet, Alexander dem Großen sei ein Staubkorn ins Auge geflogen, als er das Orakel des Jupiter-Ammon in der Oase Siwa besuchte, um seine göttliche Abkunft zu begründen. Da habe es ein Priester dieses Tempels für angezeigt gehalten, den Eroberer daran zu erinnern, daß die »Könige Makedoniens aus Staub gemacht« seien. Dieser Mahnung hätte es nicht bedurft, hätte Alexander ein Gespür für das Wesen Ägyptens besessen.

SIEBTES KAPITEL

Gebilde von Menschenhand

Felsgrab, Pyramide und Tempel reihen sich aneinander in der endlos gleichförmigen, endlos sich ändernden Landschaft. Anders als bei klassisch-antiken und gotischen Ruinen wirken diese Bauwerke wirklich verlassen, eine Eigenart, die nicht nur daran liegt, daß sie – als zum Beispiel die Vandalen Rom plünderten – bereits seit langem ihren Zweck nicht mehr erfüllten, sondern daß sie sich von da an jahrhundertelang dem Leben und den Empfindungen der Menschen entzogen. Keiner der Lebenden wußte mehr um ihre Bedeutung oder die Kultur, die sie errichtet hatte, und selbst heute, da sie vermessen und restauriert sind, und besucht werden, erscheint es schwer, ihren Sinn zu erfassen. Wie sollte auch das 20. Jahrhundert die Löwengöttin Sachmet begreifen, geschweige denn fürchten, wie Herodot es noch tat, den Namen des Osiris niederzuschreiben? Obwohl in zahllosen Reliefs porträtiert, sind die Götter unwiderruflich vergangen. Und mögen auch Dragomane auf die göttlichen Symbole hindeuten, Re hat seine Paläste schon lange verlassen. Es ist die Zeit, die den Bauwerken das Leben geraubt hat, hier in der Tat die

»vieille usine désaffectée de dieu«. Keine Votivgaben mehr im Hof des Tempels, kein Ritual, keine Priester im Sanktuar, nur täglich die Pfeile der sengenden Sonne zwischen den Säulen, die den zersprungenen, ausgelieferten Gott verbrennen – und die kühl wägende, abstrakte Sorgfalt des Baedeker. Die Nachfahren jener Fellachen, die diese Bauten im Schweiße ihres Angesichts aufführten und sich auch heute unter Leitung der Archäologen mit ihrer Wiedererrichtung abmühen, ignorieren die Wanderungen der Isis und den Namen des Seth. Hier starben die Götter schneller als die Werke der Menschen.

Der Anblick der Ruinen, die noch immer das Tal beherrschen, ist unvergleichlich; denn Ägypten scheint speziell für Ruinen geschaffen. In diesem trockenen Klima umwuchern keine Nesseln oder Brombeerranken die eingestürzten Mauern, kein Regen verunstaltet das in Stein eingeschnittene Relief. So wie sie fallen, bleiben Säule und Gesims nahezu unverändert liegen, außer sie werden vom konservierenden Treibsand zugedeckt. Vor den Tempelwänden wiegen sich Palmen im Wind, grüne Bienenspechte wippen auf ihren Wedeln, Tauben umkreisen die leeren Höfe und glitzernd in der Sonne zieht der Strom mit weißen Segeln und weithin hallenden Rufen dahin. Er ist die letzte, sich immer erneuernde Opferspende, die den Tempeln zuteil wird und vielleicht auch der letzte, der sie noch versteht. Von Assuan, jenem Ort, der die Granitblöcke für Kolossalstatuen und Obelisken lieferte, bis hinunter nach Memphis, wo eine kleine Sphinx in früheren Tagen, als noch das alte Bewässerungssystem existierte, während der Überschwemmungszeit ihre Tatzen im Wasser netzte, bildet der Nil eine einzigartige Szenerie für Ägyptens Vergangenheit.

Wenn schon diese Szenerie außergewöhnlich ist, dann sicher auch die sich durchdringenden Phänomene von Zeit und Geschichte: so liefern die Tempel mit den Berichten auf ihren Wänden, die Pyramiden und das Grabmobiliar einen weitaus ausführlicheren und spannenderen Rückblick in die Vergangenheit als andere Relikte der Antike. Vergangenheit aus erster Hand: ein seltsames, staunenerregendes Hauptbuch, voll verschollener Ereignisse und Gedanken. Der Fremde genießt hier das Privileg, gleichsam mit den Augen der Sphinx Werden und Vergehen der ersten, groß angelegten menschlichen Gesellschaft verfolgen zu können; bis ins Detail geht er den Spuren ihres kometenhaften Aufstiegs nach, und ebenso intensiv wird er Zeuge des langsamen, unaufhaltsamen Verfalls. Genauer als andere Kulturen hat gerade die ägyptische Kunst eine Zusammenfassung menschlicher Aktivität über einen langen Zeitraum hinweg registriert und vor allem im Flachbild die Vergangenheit festgehalten. Mit der gleichen Sorgfalt, mit der sie uns Götter und Pharaonen schildert, registriert sie auch das Kommen und Gehen jedes anderen noch so unwichtigen Wesens. Mit übergenauer Deutlichkeit verraten die kleinen Figuren auf den

Wänden die Geheimnisse wechselnder Generationen, ungeniert stellen sie Bewußtsein, Sitten und Gewohnheiten und nicht zuletzt die Glaubensvorstellungen von dreißig Dynastien zur Schau. So ließ Cheops sein Grab im Inneren der Großen Pyramide in dem Glauben erbauen, daß ihn Osiris von den Toten werde auferstehen lassen, und noch unter der Regierung des Kaisers Justinian wurden Menschen gleicher Überzeugung auf der Insel Philae mumifiziert. Erhebt sich in Gestalt der Stufenpyramide von Saqqara das erste Monumentalbauwerk der Welt, so sind in Tell el-Amarna Reste der Stadt des Echnaton erhalten, des »ersten Individualisten in der Geschichte«; die diversen Unternehmungen des ältesten Militärimperiums lassen sich dagegen vor allem im oberägyptischen Theben entziffern. Zeit und Raum beanspruchen eine riesige Leinwand, ein Schauspiel, in das zeitweilig sogar Europa miteinbezogen war. So scheinen Formen griechischer Kunst in den Felsgräbern von Beni Hasan vorweggenommen; und der Parthenon mag einiges Karnak verdanken; Juvenal lebte als Verbannter in Assuan und nicht weniger als fünfzehn römische Kaiser haben am Tempel von Esna ihre Kartuschen hinterlassen. Wurde der Säulensaal in Dendara gerade vollendet, als Jesus in Jerusalem weilte, so beherbergte der Tempel von Luxor später eine koptisch-byzantinische Kirche, und eine Gemeinschaft christlicher Mönche praktizierte als erste Askese in der alten memphitischen Nekropole. Von Menes, dem ersten König der 1. Dynastie, bis hin zu den griechisch-römischen Touristen, die ihre Namen in die Memnonskolosse einritzten, spannt sich der Bogen der Geschichte.

Obwohl die Pyramiden von Gise in gleichsam gedrängter Form die Vergangenheit Ägyptens darstellen, so ist der erste Eindruck dieser steinernen Denkmäler dennoch enttäuschend: weniger gewaltig als erwartet erheben sie sich; denn keine geometrische Form verbirgt das Volumen wirkungsvoller als die Pyramide, und es gibt nichts, um sie gegen den blauen Himmel zu messen. Wenn auch die Große Pyramide des Cheops mit mehr als zwei Millionen Kalksteinblöcken einen künstlichen Berg von 137 Metern (ursprünglich 146 Meter) Höhe bildet, bei einer Seitenlänge von 230 Metern, so sagen diese Zahlen doch wenig aus. Man kann nur Dr. Johnson zustimmen, der die Pyramiden als »die umfangreichste Arbeitsleistung manueller Industrie« bezeichnet hat. Nur wenn man wirklich mit den Pyramiden gelebt hat, und wenn einem bewußt wurde, wie sie das Tal überschatten, wachsen sie zu ihrer vollen Größe auf. Tagsüber beobachten sie der Menschen lächerliche Handlungen, nachts verdecken ihre dunklen Gesteinsmassen die Sterne. Von ferne gesehen stehen sie draußen in der Wüste als gigantische Signalmasten und zeigen den Weg nach Ägypten. Erst unter diesen Eindrücken kann sich ein Gefühl für ihre Größe und Dauer entwikkeln. Vielleicht werden sie die Menschheit einst als einzige unzerstörbare Schöpfung von Menschenhand verabschieden. Zweitausend Jahre lang umgaben Gerücht und Spekulation diese selbst teilnahmslosen Gräber, von denen man etwa glaubte, in ihnen hausten »die Geister der unzüchtigen Ptolemäer« oder sie seien die Kornspeicher des biblischen Joseph. Herodot's Phantasie entzündete sich an den drei kleineren Pyramiden an der Ostseite der Cheops-Pyramide: »Cheops war ein so verruchter Mensch, daß er in seiner Geldnot die eigne Tochter in ein Freudenhaus brachte ... Jeden Mann, der sie besuchte, bat sie, ihr einen Stein für den großen Bau zu schenken. Aus diesen Steinen soll sie die mittlere der drei anderen Pyramiden haben bauen lassen, die vor der Großen Pyramide steht ...«

Überschlägt man Größe und Kosten selbst dieser Pyramide, so müssen ihre Leistungen als mindestens ebenso bemerkenswert anerkannt werden wie das Bauwerk selbst. Noch heute, obwohl wir wissen, daß sie ihre Aufgabe nicht erfüllten, arbeitet die Phantasie an ihnen, und noch sehen wir in ihnen Zeichen und Wunder.

Ein Quentchen Gefahr ist mit dem Erklimmen der Chephren-Pyramide verbunden. Sie ist zwar um einen Meter niedriger als die Große Pyramide, ihre Seiten sind kürzer (210 Meter im Unterschied zu 230 Metern), der Neigungswinkel beträgt mehr als 50 Grad, und an ihrer Spitze sind noch etwa 30 Meter der geglätteten originalen Verkleidungssteine erhalten, mit denen ursprünglich beide Pyramiden vollständig bedeckt waren, so daß sie damals wohl strahlend weiß erschienen. Der Aufstieg sollte am besten früh morgens unternommen werden, wenn der Dunst, der dann noch schwer auf dem Niltal lastet, ihre Massigkeit verbirgt, oder plötzlich drohend Kamele auf der Straße auftauchen läßt, oder die Fellachen auf dem Weg zu ihren Feldern wie Geister vorüberhuschen. An der Basis der Chephren-Pyramide wartet der Beduinenführer. Kalt ist es, während die Vorbereitungen zum Aufstieg begonnen werden, und nur die untersten Steinlagen sind sichtbar. Dann klettert man. Die Blöcke sind brüchig, so daß ein wachsames Auge erforderlich ist. Jeder Block erzwingt wegen der Höhe einen großen Schritt nach oben. Der Führer hat seine Galabija um die Hüften geschlungen, so daß man stets seine braungebrannten Beine mit den schwärigen ledrigen Füßen vor sich hat. Unten und oben verliert sich alles im Dunst. Die bröckelnden Gesteinsränder sind still. Doch plötzlich erreicht man eine bewohnte Region: Hühnerknochen, Rattenfelle, Exkremente einer Eule, die Federn eines Falken. Der verlassene Fels war Schauplatz des Besuchs von Tieren und ihres Vergnügens. Sie paaren sich hier und dösen in der Sonne; ein Schakal verschwindet um die Kante; ein Rabe flattert in den Dunst hinauf, krächzt und entschwindet dem Blick.

Dann plötzlich Sonnenlicht und blauer Himmel. Aus einem weißen Wattekragen auftauchend schimmert der rosa Gipfel der Chephren-Pyramide auf. Die Kalksteinverkleidung ist erreicht. Die Verkleidung hängt über und nun beginnen die Schwierigkeiten. Der Führer richtet ein kurzes Gebet an Allah, und man erinnert sich der Warnung im Guide Bleu: »L' ascension de cette pyramide exige de grands efforts ... la partie revêtue ... est dépourvue d' aspérités et ne donne aucune prise à l'escalade.«

In der Tat hat die Verkleidung viereinhalbtausend Jahren nicht trotzen können, und sie ist verwittert. Löcher und Risse bieten sich heute als Griffhilfen für Hände und Füße. Aus dem Dunst windet man sich zur Sonne empor. Während sie auf den Rücken brennt, erweist sich der Abschnitt mit dem noch erhaltenen Mantel als wesentlich länger als ursprünglich vermutet. Dann plötzlich ist nichts mehr über einem, und man steht auf jenen wenigen Quadratmetern, die durch den heruntergebrochenen Gipfel als Fläche freigeworden sind. Der Führer zieht aus einer Steinspalte ein Metallkästchen und aus diesem wieder ein Buch heraus, das (irrtümlicherweise) die Widmung enthält: »Mark Twain, dem ersten ausländischen Bezwinger der Zweiten Pyramide«. Man signiert. Und während sich das Gefühl einstellt, etwas geleistet zu haben, ist man in der Sonne und Stille des frühen Morgens losgelöst von den Niederungen der Welt. Belebt noch vom Erklimmen der letzten glatten Steinlagen der Pyramide, gibt man sich dem Eindruck hin, in diesem Augenblick etwas von ihrer Vergangenheit besitzen zu dürfen.

Wie weggebrannt gibt nun der Dunst das Tal frei. Steil fällt die Steinverkleidung nach unten ab, und Ägypten unten rüstet sich zu neuem Tagwerk. Der Laut einer Stimme wird von der Wüste herübergetragen, und in den grünen Feldern dort unten fällt der Blick auf die Bewegungen von Pygmäen. Auf der Straße von Kairo her rücken Autos heran und vor dem Zugang zum Hotel ›Mena House‹ besteigen Touristen gelangweilte Kamele. Dahinter erstreckt sich die Wüste mit immer neuen Variationen an Wellen und Falten, davor dann Kairo mit seinen sieben Millionen Menschen und schließlich das Delta. Nach Süden wiederum schlängelt sich das sattgrüne, endlos scheinende Niltal zwischen den Wüstenbergen. Mit einem einzigen Blick erfaßt man von hier aus ein ganzes Land, und wie ein selbstsicherer Showman stellt man seiner Phantasie ein Detail nach dem anderen vor. Auf der Vergangenheit thronend, betrachtet man die Gegenwart mit Distanz und gehört selbst eine Stunde lang keinem Jahrhundert an. Während man dann wieder vorsichtig absteigt, entsteht der Eindruck als fiele man in eine nicht mehr vertraute Welt. Man braucht einige Zeit um zu begreifen, daß man lebt und in der Höhe und in der Gegenwart nur ein zeitlich begrenztes Sein zugemessen bekam.

Wo immer das Alterum sich darbietet in geschnittenem und geschliffenem Stein, so in den Ruinen südlich von Kairo, fesselt die Vergangenheit Ägyptens. Aber sind diese Ruinen schön? Welche formalen Qualitäten charakterisieren die ägyptische Architektur? Wie wirken diese Tempel im

Vergleich zu denen Griechenlands, den Kirchen von Byzanz oder den Villen des Palladio? Wie nimmt sich die Skulptur aus neben dem Wagenlenker von Delphi, den Heiligen von Chartres oder den Werken eines Brancusi? Und einmal abgesehen vom romantischen und historischen Interesse, welche ästhetische Bedeutung kommt diesen Altertümern zu?

Das Wesen der alten Ägypter gibt Antwort auf diese Fragen. Als bemerkenswert guter Ehegatte und Vater lebte der Ägypter in einem gut geplanten, praktischen Haus. Immer von neuem erfreute er sich an der Nillandschaft, war selbst als Stadtbewohner ein aufmerksamer Landmann, meist guter Laune, fleißig und diszipliniert und vor allem praktisch. So trieb er aus Gründen einer praktischen Vernunft Wissenschaft, bemühte sich um medizinische Kenntnisse oder verfolgte andere Studien. Als gläubiger Mensch kümmerte er sich mehr ums Ritual denn ums Dogma, und das Jenseits war in seiner Sicht einfach eine angenehmere Fortsetzung des Diesseits. Als Teil einer sowohl zufriedenen wie auch zuversichtlichen Gesellschaft litt er wohl kaum unter persönlichen Neurosen oder dem Druck von außen. Folglich hatte er auch keinen Grund, bohrende Fragen zu stellen oder Veränderungen herbeizusehnen. Die altbewährten Methoden und Vorstellungen erfüllten ihren Zweck, und so blieb er ihnen treu. So wie es war, war es gut. Selbst im Alten Reich bestand die Erziehung vorwiegend im Kopieren des Vorhandenen. Aus den

20 *In der Oase Fayum*

21 *Beduinen am Rande des Fruchtlandes westlich von Abu Simbel. Von hier dehnt sich die Wüste über 5000 Kilometer zum Atlantik aus.*

22 *Wasserträgerinnen in einem Dorf bei Theben, links ein Scheichgrab*

23 *Alter Mann in Esna*

24 *Markttag in Darau*

erhaltenen Texten geht hervor, daß jede Generation bescheiden und genau das Wissen reproduzierte, das die Väter erworben hatten. Was Wunder, daß der Ägypter, von abstrakten Spekulationen wenig fasziniert, das Denken um seiner selbst willen kaum schätzte. Vom Visionär hat er am wenigsten von allen Völkern.

Diese Eigenschaften erklären vieles. So hat die tiefe Beziehung des Ägypters nicht nur zur Natur, sondern auch für die einfachen befriedigenden Tätigkeiten des täglichen Lebens in seiner Kunst lebhaftesten Ausdruck gefunden. Immer gleich blieb seine Freude an den sichtbaren Dingen. Und selbst als Glaubensvorstellungen und Denkweisen bereits unverrückbar fixiert worden waren, blieb sein Auge aufmerksam, eine Eigenart, auf die viel vom Charme der Wandmalereien und Reliefs zurückzuführen ist. Mit einer Art das Wesentliche festhaltender Kurzschrift – und darin vielen Malern des 20. Jahrhunderts nicht unähnlich –, erzählt er seine Geschichte mit unfehlbarem Erfolg. In den Privatgräbern, wo die Darstellungen enger mit dem Leben verbunden blieben als in den Königsgräbern oder Tempeln, zeigt die Wiedergabe von Vögeln und anderen Tieren, von landwirtschaftlichen Arbeiten, sonstigen Tätigkeiten und auch Vergnügungen eine ungewöhnliche Vitalität, denn sie basieren auf dem optischen Eindruck und nicht auf einer vorgefaßten Konzeption.

Praktische Menschen sind meist auch mit geschickten Händen ausgestattet, und so waren die

25 *Taubenhäuser in Darau*

Ägypter Handwerker par excellence. Aus der handwerklichen Geschicklichkeit wiederum leitet sich ihr Spürsinn für Materialien ab. Instinktiv scheinen sie stets zum passendsten Mittel für die Arbeit mit ihren Händen gegriffen zu haben, zu Hart- oder Weichgestein, zu Diorit, Alabaster, Holz oder Metall. Aus der Beherrschung des Handwerklichen kommt auch die technische Verfeinerung, die Neigung zum sorgfältigen Detail und das ungewöhnliche Fein- sowie Formgefühl. Gerade deshalb erweist sich das Grabmobiliar des Tutanchamun als so besonders anziehend. Wen sollte es da überraschen, daß diese begabten Handwerker auch die Kunst des Porträts erfanden. An sich dazu bestimmt, für immer im Innern des Grabes eingeschlossen zu werden, sind die Porträtstatuen, die auf uns gekommen sind, und hier vor allem die der Privatleute wie des berühmten ›Schêch el-beled‹, wirklichkeitsgetreue, eindringliche Darstellungen. Erst in der römischen Porträtbüste hat es wieder so realistische Menschenwiedergabe gegeben.

Darüber hinaus gibt es aber auch Grundeigenarten des Ägypters, die sich weniger glücklich auf Kunst und Architektur ausgewirkt haben. So erwiesen sich auf lange Sicht sein Traditionalismus und die Konzentration auf Symbol und Ritual als ungünstig. Zwar beginnt die prädynastische Kunst mit einer großen Anzahl bewundernswerter Objekte, mit Metallwerkzeug, Dioritgefäßen u. a., und auch im 3. Jahrtausend v. Chr. ist in Saqqara noch das ursprüngliche ästhetische Einfühlungsvermögen ungebrochen vorhanden. Aber bald schon zeigen sich die Auswirkungen des Mangels an intellektueller Anstrengung und Neugier, die Formen werden stereotyp und verlieren ihre Kraft. Der Sinn für Wachstum und Entdeckerfreude läßt nach, so daß das Kunstschaffen ebenso wie die Erziehung, die Rechtslehre und auch die Medizin sich nicht weiter entwickelten. Unberührt von neuen Einflüssen erfolgt der Rückzug auf das rein technisch-handwerkliche Können, und eine extreme technische Verfeinerung geht Hand in Hand mit einer sich steigernden Unbeweglichkeit im Geist und im Gefühl. So besaß der Ägypter zwar die geschickte Hand und das praktische Können, um wirklich alles herstellen zu können, aber über ganze Jahrhunderte hinweg blieb die schöpferische Vorstellungskraft aus. Schließlich wurde der Konservativismus so stark, daß er in Nostalgie umschlug. In der Kunst beispielsweise ging man nun, in einer Art von Historismus, sklavisch jene wenigen Schritte zurück, die seit dem Alten Reich nach vorn getan worden waren; mit dem Ergebnis, daß nur wenige Experten viele Werke der 26. Dynastie von solchen unterscheiden können, die zweitausend Jahre früher entstanden sind. Auch die ungebührliche Anhänglichkeit an Symbol und Ritual spielte eine verhängnisvolle Rolle.

So führte ein rigider Symbolismus aus Mangel an schöpferischer Anregung nicht zur einfallsreichen Stilisierung die das Ziel einer solchen Entwicklung sein sollte, sondern zu Beschränkung und vom

Vorbild losgelöster Vielseitigkeit. Und als schließlich die Kunst in Bewegungslosigkeit erstarrt war, verband sich die einmal gültige, anerkannte Darstellungsweise in Skulptur, Malerei und Architektur mit etablierten Interessen. Nun war es nicht nur schwierig, sondern politisch gefährlich, den akzeptierten Kanon zu verändern. Königliche und priesterliche Kontrolle engten die Kunst am Nil so stark ein und ritualisierten sie, daß sie über lange Epochen hinweg über keine wirklich lebendige Aussagekraft verfügte. In diesem ästhetischen Koma war es natürlich von höchster Bedeutung, daß das handwerkliche Können über alle Maßen perfekt war, und so kommt es, daß Ägypten, obwohl es jahrhundertelang keine große Kunst hervorbrachte, auch nur wenig wirklich Minderwertiges produziert hat.

Seltsamerweise sind es gerade die berühmten und mit besonderem Ehrgeiz errichteten Denkmäler, die Götter- und Totentempel in Oberägypten, die in ihrer Architektur am deutlichsten veranschaulichen, wo die Altertümer Ägyptens möglicherweise nicht ganz befriedigen[8]. So blieb jene Grundform ägyptischer Tempel, die sich dort im 2. Jahrtausend v. Chr. mit Hilfe der nahezu grenzenlosen Ressourcen des imperialen Neuen Reiches entwickelt hatten, im wesentlichen bis zu Kaiser Theodosius im vierten nachchristlichen Jahrhundert, der die Schließung der heidnischen Tempel verordnete, unverändert. Diese Tempel sollten einfach durch ihre Größe beeindrucken. Tatsächlich kann die Entfaltung von Masse natürlich ›Wirkung‹ erzielen, und angesichts der Großen Pyramide von Gise trifft das Urteil von Gaudier-Brzeska »dieser Berg ist Skulptur« durchaus zu. Aber die Tempelanlagen Oberägyptens sind teilweise einfach zu mächtig. Selbst der allen gemeinsame, streng axiale Grundriß, erdacht als besonders sinnvoll für Prozessionen, und die Anlage von Säulen auf dem Wege zum verhältnismäßig kleinen Sanktuar überzeugt mehr unter dem Gesichtspunkt des Rituals als architektonisch. Bauwerke, die von wirklichem Verständnis für architektonische Wirkungen zeugen wie der Hof Amenophis' III. in Luxor, der zweite Hof von Medinet Habu oder der Tempel der Hatschepsut, bilden herausragende Ausnahmen; denn die architektonische Sensibilität, die gerade diese Bauten auszeichnet, muß man der Kunst am Nil wohl im Ganzen absprechen. So lassen die Tempel des Alten Ägypten überall im Land die Harmonie und Ausgewogenheit vermissen, die den Reiz großer Bauwerke ausmachen, ein Mangel, der sich zweifellos als Folge geringer geistiger Lebhaftigkeit und des Unvermögens, auseinanderstrebende Teile zu einem einzigen Ganzen zusammenzufügen, einstellte. Zwar findet sich in den stilisierten Wandbildern der Tempel der ursprüngliche, angeborene Sinn für Linie, Detail und Ausführung, die Darstellungsträger aber – die Gebäude selbst – lassen oftmals formale Bezüge und vor allem jene schöpferische Spannung vermissen, wie sie sich aus echtem Wissensdrang entwickeln.

Ein griechischer Tempel bildet einen Organismus, in dem sich jedes Teilstück ausgewogen auf alle übrigen bezieht. Darüber hinaus beruht der griechische Tempel grundsätzlich auf den Proportionen der menschlichen Gestalt, so daß auch die körperliche Größe der Feiernden in enger Beziehung zur Architektur steht. Hier mußten sie sich nicht – wie die Priester des Amun-Re – um die Fundamente sich türmender Steinmassen ameisengleich fortbewegen. So ist bezeichnend, daß die Ägypter in ihren Tempeln niemals versucht haben, die Möglichkeiten umbauten Raums zu erforschen. Ihre wahrlich gewichtigen Säulengänge bleiben überfüllte Durchgangshallen, und nirgendwo tritt das Unvermögen, Form unter dem Aspekt architektonischer Zusammenhänge zu begreifen, deutlicher zutage als im berühmten Säulensaal von Karnak. Wie es heißt, läßt sich in diesem gigantischen Raum ganz Notre-Dame unterbringen, doch findet sich hier lediglich Gewicht ohne Maße und Größe ohne Glanz. Die voluminösen, gleichsam aufgequollenen Säulen wirken kraftlos, als hätten sie kein Rückgrat, und da sie so eng beieinander stehen, geht auch der Eindruck von Höhe oder Perspektive verloren. Der große Säulensaal darf als exemplarisches Beispiel dafür gelten, daß trotz des Einsatzes von Entschlossenheit, unendlicher Mühe und großem handwerklichen Können der Erfolg versagt bleiben kann. Den Göttern von Karnak wurde hier zwar großsprecherischer, aber weitaus weniger angemessen gedient als im Totentempel des Djoser in Saqqara, der mehr als 1500 Jahre früher entstand.

In unvergleichlicher Umgebung gelegen, weitläufig und imposant und von außerordentlichem historischen Interesse, sind die Altertümer am Nil trotz der genannten Einschränkungen beeindrukkend, anfangs bisweilen sogar überwältigend. Zweifel stellen sich erst später ein. Irgend etwas fehlt diesen monumentalen, sich immer wiederholenden Tempeln und Gräbern, und zwar jenes Etwas, das sowohl die prädynastischen Dioritschalen und Alabastergefäße besitzen als auch die Anlage des Imhotep in Saqqara und die Plastik der 12. Dynastie, was auch die Reliefs im Tempel Sethos' I. in Abydos und im Grab des Ramose in Theben zum Ausdruck bringen. Dieses Etwas findet sich auch – und hier besonders deutlich – in allen Werken aus Tell el-Amarna, wo das Genie Echnatons, das die Bande der Tradition sprengte, seine Landsleute zutiefst erschütterte und zugleich anregte: Es ist der Sinn für Form.

ACHTES KAPITEL

Die Stadt Alexanders

Auf der Rückkehr von Troja geriet Menelaos an der Insel Pharos dort, wo später Alexandria errichtet werden sollte, in eine Flaute, und nur weil er den Meeresgott Proteus überlisten konnte – heißt es bei Homer – gelang ihm schließlich die Weiterfahrt. Die Lage dieser Insel mit ihren Ankermöglichkeiten bewog dann Alexander den Großen im Jahre 331 v. Chr., seine neue Stadt auf dem niedrigen Kalksteinrücken zwischen der Insel und dem landeinwärts gelegenen Mareotis-See zu gründen. Nach Alexanders Tod 323 riß Ptolemaios Soter, sein Stabschef und zugleich der fähigste der makedonischen Generäle, die Macht in Ägypten an sich und erkor Alexandria zu seiner Hauptstadt. Darüber hinaus faßte er den klugen Entschluß, den Leichnam Alexanders an sich zu bringen und ihn in einem großen Staatsbegräbnis beizusetzen.

Die Herrschaft der Ptolemäer währte fast dreihundert Jahre, bis sie mit der unheilvoll-ruhmreichen Kleopatra zu Ende ging. Es war im wesentlichen eine griechische Herrschaft gewesen, denn nur Kleopatra, die letzte ihres Hauses, machte sich die Mühe, Ägyptisch zu lernen. So schreibt E. M.

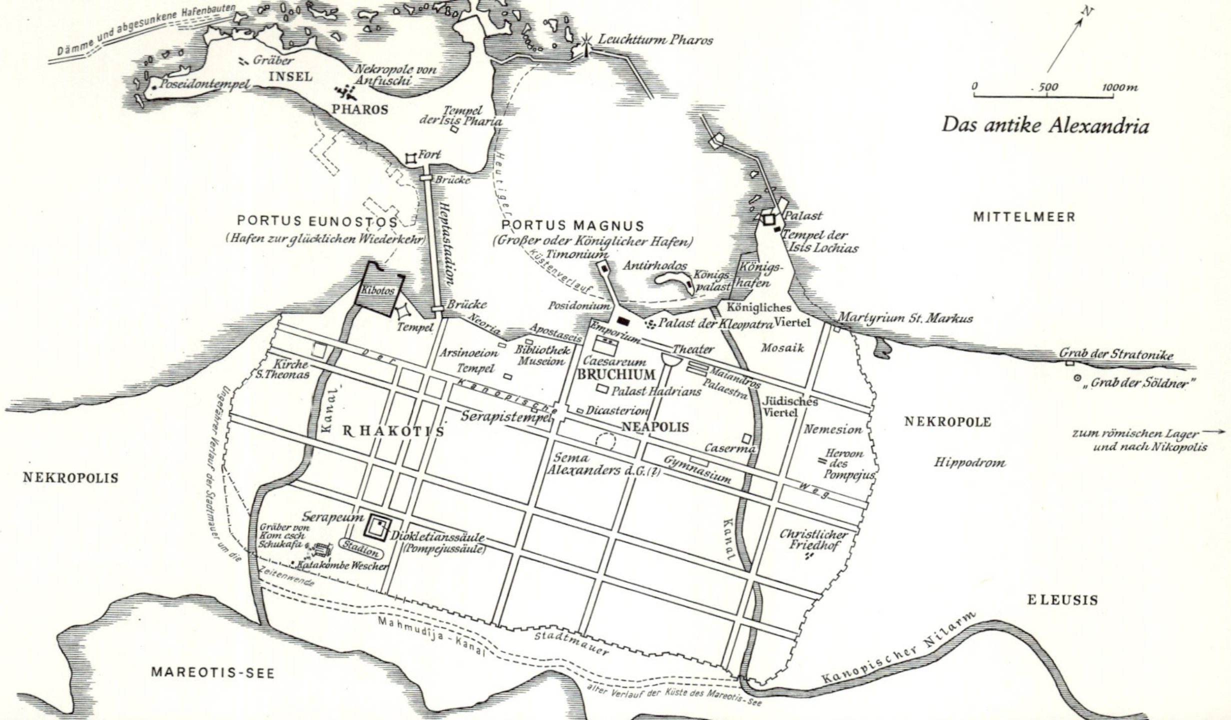

Das antike Alexandria

Forster: »In Oberägypten spielten (die Ptolemäer) Pharao und bauten ehrfurchtgebietende archaisierende Tempel wie in Edfu und Kom Ombo. Unten in Alexandria aber gebärdeten sie sich als hellenistische Herrscher. Alexandria war eine mediterrane, keine ägyptische Hauptstadt.«

Mit ihrer zielstrebigen und einfallsreichen Politik gelang es den ersten drei Ptolemäern – Soter, Philadelphos und Euergetes – in wenig mehr als einem Jahrhundert Alexandria zur größten Metropole ihrer Zeit auszubauen. Auf der Insel entstanden Befestigungsanlagen und der alles überragende Leuchtturm von Pharos, eines der Sieben Weltwunder. Im 3. Jahrhundert von Sostratos, dem Zeitgenossen des Euklid und Eratosthenes errichtet, war dieses Bauwerk 120 Meter hoch und der Lichtstrahl seines großen Spiegels reichte fast 60 Kilometer. Gleichzeitig wurde die Insel durch eine Mole mit dem Festland verbunden, dem Heptastadion (sieben Stadien, das heißt 1200 Meter lang), so daß zwei Häfen entstanden: der Hafen ›Zur glücklichen Wiederkehr‹ im Westen, der ›Große oder Königliche Hafen‹ nach Osten gelegen. Beide, vor Versandung geschützt, weil die Küstenströmung die Ablagerungen, die der Kanopische Nilarm mit sich brachte, nach Osten abtrieb, faßten nach der Überlieferung nicht weniger als 1200 Schiffe. Ein Kanal verband den Hafenbereich mit dem Mareotis-See und damit natürlich mit dem Nil. Von Pharos aus verließen die typischen Produkte Ägyptens das Land: Glas, Papyrus, Parfüm (ein Staatsmonopol) und enorme Mengen Getreide. Schiffe vom Libanon brachten Purpurfarbstoff und Bauholz, das seit alters rar gewesen war im Niltal, und von weiter her kamen Honig, Olivenöl und Marmor für die Bauten der Stadt.

Alexandria war nach dem Hippodamischen System mit rechtwinklig sich kreuzenden Straßen entworfen worden, die wie ein Gitter sich ausbreiteten, jedes Rechteck mit einem Buchstaben des griechischen Alphabets bezeichnet. Der Kanopische Weg, dreißig Meter breit und fast fünf Kilometer lang, durchschnitt die Stadt in der Ost-Westachse. Im ersten vorchristlichen Jahrhundert lebten mehr als 300000 griechische Bürger in dieser Stadt, die Gesamtbevölkerungszahl u. a. mit einer zahlenmäßig umfangreichen jüdischen Gemeinde dürfte eine halbe Million erreicht haben. Am Großen Hafen befanden sich die Palastanlagen, die eine Stadt in sich selbst bildeten, und südlich davon lag das Museion, die Universität, an der Generationen brillianter Gelehrter und Wissenschaftler freie Unterkunft und Verpflegung fanden, sowie die Bibliothek, deren Bestand an Papyrusrollen auf eine halbe Million geschätzt wird. Kallimachos hatte dort das Amt des Kustos. Im Serapeum weiter südlich, dem berühmten Tempel der Schutzgottheit der Stadt, wurde Serapis – eine scharfsinnige theologische Erfindung des Ptolemaios Soter und seiner Berater in Religionsfragen – zusammen mit seiner ägyptischen Gemahlin Isis verehrt. Am blauen Meer gelegen, leuchtete die Stadt im wahrsten

Sinne des Wortes; denn viele ihrer Bauten waren mit schimmernd weißem Stuck verkleidet: Alexandria glänzte.

Nicht minder aber glänzte die Stadt durch ihr Geistesleben. Hier schrieb Kallimachos das Gedicht über den Tod seines Freundes Heraklitos, das noch nach Jahrhunderten Widerhall findet. Hier entfaltete Theokrit sein Talent: ihm verdanken wir die Beschreibung einer typischen alexandrinischen Familie beim Fest des Adonis in seiner fünfzehnten Idylle. Auf den Gebieten der Mathematik, Geometrie, Astrologie, Medizin und Philologie aber stach die Ptolemäer-Metropole jede andere Stadt aus. Hier stellte Euklid die Grunderkenntnisse der Geometrie vor, und der erstaunlich vielseitige Gelehrte Eratosthenes berechnete den Durchmesser des Globus – bis auf achtzig Kilometer genau. Herophilos nahm Harvey's Entdeckung des Blutkreislaufs vorweg; einer der alexandrinischen Gelehrten stellte die Behauptung auf, daß sich die Erde um die Sonne bewege – und das immerhin siebzehn Jahrhunderte vor Kopernikus; ein anderer legte den ersten zutreffenden Kalender vor, indem er Schaltjahre vorsah; und die wissenschaftlichen Methoden, die am Museion praktiziert wurden, stellen bis heute den Beginn der Textkritik dar.

Die eigenartige Mischung aus Wissenschaft, Phantasie und Witz unter dem Schutz des Königshauses, wie sie für die Stadt im dritten vorchristlichen Jahrhundert charakteristisch war, wird in der Geschichte von Berenikes Haupthaar deutlich. Als die hochgepriesene Gattin des Euergetes für die glückliche Rückkehr ihres Gatten aus der Schlacht ihre Locken im Tempel der Aphrodite in Kanopos geopfert hatte, wurde die Votivgabe gestohlen. Die Gesellschaft im ptolemäischen Ägypten war nicht eben für ihre Ehrlichkeit bekannt, doch welche Gesellschaft ist schon bereit dies öffentlich werden zu lassen? Und könnte hier nicht vielleicht auch ein Wunder vorliegen? Da der Astronom Konon just zu diesem Zeitpunkt ein neues Sternbild entdeckte, wurde klar, daß dies das Haar der Königin sein mußte. An den Himmel versetzt, leuchtet es von nun an als die Sternengruppe, die wir seither als *Coma Berenices,* das ›Haar der Berenike‹, kennen. Kallimachos feierte das Ereignis in Versen.

Jedoch: die großen Ptolemäer starben und weniger fähige Herrscher aus dem Hause rückten nach. Mühsam flackerte das Lebenslicht der Dynastie vor sich hin, bis es im Jahre 30 v. Chr. mit Kleopatra, die nacheinander mit Ptolemaios XIV. und dem XV. verheiratet war, noch einmal zum dramatischen Ende aufflammte. Roms habgierige Blicke waren bereits seit über einem Jahrhundert auf Alexandria gerichtet gewesen, bis es ihm schließlich zufiel. Kaltblütig und berechnend verwandelte Octavian Ägypten in eine kaiserliche Kornkammer, und die reichen Ernten vom Nil fügten den Zirkusspielen in Rom das Brot hinzu. Obwohl die Alexandriner dann später unter der Herrschaft von Byzanz eine in vielfacher Hinsicht entscheidende Rolle in der Entwicklung des Christentums spielen sollten, waren die berauschenden Tage des Glanzes für immer vorbei.

Der Verfall Alexandrias ging weiter, nachdem 640 n. Chr. die Araber die Stadt erobert hatten. Symbolhaft geradezu mutet der Einsturz des von einer Poseidonstatue bekrönten Leuchtturms von Pharos im Jahre 700 an. Die arabische Kultur, die Kairo großen Glanz bescherte, erwies sich als nachteilig für eine Stadt, die ihre Inspiration und Vitalität vom Mittelmeer bezogen hatte. Während die Christen untereinander stritten und die Moslems den Seehandel vernachlässigten, ging Alexandria allmählich an Auszehrung ein. Die arabischen Stadtmauern aus dem 9. Jahrhundert umschlossen nur einen winzigen Teil der einstigen ptolemäischen Stadt. Ablagerungen verstopften im 12. Jahrhundert den Kanopischen Nilarm, und als der Schlamm schließlich entlang des Heptastadion wuchs, bildete sich eine Landenge zwischen Pharos und dem Festland. Ein englischer Reisender urteilte im 17. Jahrhundert, daß »Alexandrias Schönheit untergegangen« und nichts übrig sei »als Ruinen«. Eine Reisegesellschaft in Begleitung des Lord Sandwich berichtet 1738, daß die Stadt »von Einwohnern fast gänzlich verlassen« sei. Als Mehemet Ali Pascha, Albaner und quasi-unabhängiger Vertreter der Pforte in Ägypten, 1815 seine Aufmerksamkeit dem Ort zuwandte, war die einstige Metropole auf ein paar Tausend Einwohner zusammengeschrumpft. Durch die Anlage eines Kanals, der Alexandria mit dem Nil verband, die Einführung des Baumwollanbaus und vor allem durch die Wiederansiedlung von Griechen und Levantinern machte der Pascha Alexandria noch einmal zu einem wichtigen Handelszentrum.

Das reiche und geistsprühende zweite Alexandria war in der ersten Hälfte des 20. Jahrhunderts eine Stadt, in der es sich angenahm leben ließ. An herrlichen Stränden entlang führte die zwanzig Kilometer lange Corniche, an beiden Enden von Palästen eingefaßt, wobei derjenige von Montaza vom minderen Geschmack seines Erbauers zeugte. Allerdings war die Stadt zugleich auch ein Beispiel für architektonischen Wildwuchs. Hinter der Corniche erstreckte sich ein Häusergürtel, der die Uferpromenade von Ackerland und Wüste trennte. Dieser bewohnte Streifen bot die überraschendsten Kontraste: an einer bestimmten Stelle, wohl anderthalb Kilometer breit, bot er eine Ansammlung von Hotels, Rennplatz und Golfplatz; an anderer Stelle wieder waren die Felder kaum einen Steinwurf vom Meeresufer entfernt. Mietshäuser mit Einzimmerunterkünften stießen an palastartige Villen, Badehütten und eine Wäscherei zwängten sich zwischen Cabaret und Casino. König Baumwolle, der Erbauer, hatte keinen Sinn für Planung.

Doch im Sommer, wenn eine kühle Brise vom Meer her wehte und die Sonne schien, übersah der Besucher das architektonische Durcheinander und die Lebensverhältnisse, die sich darin spiegelten. In dieser Gesellschaft reicher Graeco-Levantiner konnte man sich ebenso leicht dem Vergnügen hin-

26 *Bei der Feldarbeit. Hinter dem Kanal das Dorf und der Nil*

27 *Auf einem Schiff, das Tonkrüge transportiert* →

28 *Fellachen mit Kühen unterwegs* →

geben wie zur Zeit der Ptolemäer. In der Seeluft gediehen Liebe und Klatsch. Hier gab es herrliche Badegelegenheiten und die beste Küche in Ägypten. In der Saison durchlebte Alexandria ein nie endendes Fest. Gleichzeitig aber haftete diesen Festlichkeiten etwas Unwirkliches an. Sie sollten nicht ewig dauern.

Heute ist das zweite Alexandria fast ebenso verschwunden wie die Stadt der Ptolemäer. Die Bankiers und Baumwollbarone sind in die Schweiz geflohen, die Gelehrten und Poeten in alle Winde zerstreut, und mit dem Alexandria-Quartett Justine, Balthazar, Mountolive und Clea sind auch die Nymphen und Satyrn abgereist. An den Villen sind die Gitter geschlossen, viele wurden enteignet, die Gärten sind verwildert und die anrüchigen Cafés aus den Gedichten des Kavafis nicht wiederzuerkennen. Ein zweites Mal haben die Griechen Alexandria verlassen. Die Veränderungen sind verständlich. Bis 1960 war Alexandria im Grunde keine ägyptische Stadt. Dem Delta kehrte sie den Rücken zu wie schon in der Epoche der Ptolemäer und öffnete sich zum Meer hin. Die Stadt war klug, anregend, weltoffen. Eine solche Stadt, in der die Hälfte der Straßenschilder lateinisch und nicht arabisch beschriftet waren, konnten die ägyptischen Nationalisten nicht dulden. Alexandria mußte sich wandeln. So war der Untergang der kosmopolitischen Stadt unvermeidlich, vielleicht sogar zu rechtfertigen, aber dennoch ist es schade um sie.

Ihre Nachfolgerin gleicht einer Geistererschei-

29 *Fellachenfamilie*

30 *Mahlzeit auf dem Felde, im Hintergrund der Nil*

nung. Alexander, Kleopatra, Hadrian und sein Freund Antinous sind noch immer weitaus gegenwärtiger als ihre jetzigen Bewohner in den tristen Straßen. Die Ausstrahlung der Vergangenheit ist so stark, daß man an einem strahlenden Sommermorgen den Eindruck haben kann, als müßte die unzulängliche Wirklichkeit sogleich verschwinden und Madekonen strömten aus den Katakomben, und der Kanopische Nilarm führe Hochwasser zwischen den gepunkteten Linien, die auf einer Karte in großem Maßstab an ihn erinnern. Ptolemaios Philadelphos mit seinen Dichtern werde erneut die Prozession anführen, die einst das Staunen der Stadt erregt hatte. Da gäbe es Silene in Purpur und Scharlach gekleidet, mit Efeu aus Goldblech und grüner Emaille bekränzt, Caduceus und vergoldete Lampen aus Efeuholz in den Händen. Jünglinge mit goldenen Kronen auf dem Haupt schlössen sich an und Frauen mit Lilien, Weihrauchgefäßen und goldenen Gewürzschüsseln: Zimt, Thymian, Narde und Essenz aus Bockshornklee. Die Corniche hinunter trüge man auf Sänften mit silbernen Füßen und bestickten Baldachinen die Schönen der Zeit, mit Girlanden aus Pfirsichblüten und Palmzweigen geschmückt; und die Priester des Dionysos brächten Libationen dar, die Athleten hielten ihre delphischen Dreifüße vor die Bildnisse von Tag und Nacht, Erde und Himmel. Weiter hinten kämen Oryxantilopen und äthiopische Vögel, weiße hornlose Rinder und Panther. Und hinter dem Gespann des Bacchus und dem Wagen mit der Weinpresse, in der sechzig Satyrn zur Musik von silbernen Flöten die Trauben austrampelten, erschiene noch einmal das Statuenbild Alexanders mit dem Kranz aus Efeuzweigen, um von der Stadt Besitz zu ergreifen.

Wenig ist von dieser Stadt geblieben. Der Schlamm, der sich an den Nilmündungen ablagerte, verdüsterte ihren Glanz, die Kanäle des Denkens versiegten, Sekten stritten untereinander, wo Philosophen einst diskutiert hatten. Ein paar Granitblöcke nur rufen die Erinnerung wach an den berühmten Pharos, während Königspalast und Museion spurlos verschwunden sind. Die Christen zündeten die Bibliothek an. Damen aus der Khedivenfamilie sind an der Stätte begraben, wo sich nach der Überlieferung das Alexander-Grab befinden soll. Die Wissenschaftler können nicht einmal mehr mit Sicherheit die Lage von Kanopus, dem eleganten Badeort der Ptolemäer, feststellen. Obelisken, die einmal die Tempel der Artemis und Arsinoe zierten, sind längst nach Rom und Konstantinopel abtransportiert worden. Anmut und Stil, Abwechslung und Wissensdrang, mit den Griechen ins Delta gekommen, gingen schnell wieder verloren. Der rasche Intellekt und die Lebensgier, die das antike Alexandria mit schwirrendem Getriebe erfüllt hatten, ließen sich nicht mumifizieren. Einige Römer haben noch versucht, die Traditionen aufrecht zu erhalten, aber ihnen fehlte das Talent dazu. Nur das schriftlich fixierte Gedächtnis des ptolemäischen Alexandria ist erhalten geblieben: in der Geschichte des Manetho, in den spinnengleichen Linien des Euklid, in Eratosthenes' Berechnungen, in den Idyllen des Theokrit, in einem Gedicht des Kallimachos und den Epigrammen voll alexandrinischen Witzes. Man erinnert sich des »in die Nacht genagelten, brennenden Haares der Berenike« und des Philadelphos, der seinen Ruf riskierte, um an Manuskripte von Sophokles heranzukommen.

Aber selbst heute noch haben die Hellenen hier ihre Treffpunkte; denn das Meer ist geblieben. Alexandria lebt an den Stränden, und die größte Attraktion der Stadt ist zugleich auch das innigste Band, das sie mit der Vergangenheit verknüpft. An der Corniche entlang kräuselt eine Woge in einem Dutzend sonniger Buchten, fängt das Licht ein, kippt über und verläuft schnell im Sand. Weiter draußen schäumt weißer Gischt über die Riffe und schwappt über in die Geborgenheit des ruhigen blauen Wassers. Als die Griechen das erste Mal kamen, brachten sie ein wenig von der Transparenz der Ägäis mit. Dieser merkwürdige Lichteinfall im Wasser bewirkt noch heute, daß man in Alexandria stets den Kopf zum Meer hinwendet. So wie es Nelsons Schiffe festhält und die algenbewachsenen Blöcke des Leuchtturms, so glaubt man, lebt im Meer auch die gesamte Vergangenheit der Stadt weiter. Tiefblau im ruhigen Sommer, an den Ufern vieler Buchten plätschernd, gleicht das Meer einer gesättigten Lösung, die ihren schweren historischen Niederschlag kaum zu halten vermag.

An einem dieser stillen Plätze ankerte Menelaos auf der Rückkehr von Troja an der Insel Pharos, und der große Pompejus senkte sein Haupt tiefer über Platons Dialoge, als er zur pelusischen Küste gerudert wurde und sein von Verrat herbeigeführtes Ende nahen fühlte. Nicht anders lag das spiegelnde Meer, wo die Fischerboote heute fast ohne Wind in den Hafen gleiten, als Kleopatras Barke mit dem Schlag der silbernen Ruder zum Takt einer Flöte hinausfuhr. Die Wasser Alexandrias, die unter ihrem Bug aufschäumten, bewahren die Erinnerung an diese Geschehnisse.

Erst kürzlich wurden in der Stadt ein Theater und ein Straßenzug aus dem späten Hellenismus ausgegraben. Die Ruinen sind beliebt bei den Wiedehopfen. Parallel zum alten Kanopischen Nilarm verlief die Straße, die wohl mehr als tausend Jahre begraben lag. Sie ist erstaunlich gut erhalten: zur Straße hin die Läden, die Eingänge geräumiger Thermen und sogar das Straßenpflaster sind noch erkennbar. Durch diese Straße ist Kleopatra in ihrer Sänfte getragen worden, vielleicht haben ihre Sandalen die Steinplatten berührt. Jenseits der Straße, hinter einem staubigen Slumviertel, beginnt wieder das Geisterreich der Stadt. Aus einem Gewirr nicht genau bestimmbarer Mauerreste ragt die anspruchsvolle Pompejussäule empor. Zu 27 Metern Höhe aufgetürmter polierter Granit stößt in den Himmel. Gestrüpp wuchert um ihre Basis, Taubenschwärme umkreisen sie. Obwohl menschliche Behausungen nur einen Steinwurf weit weg sind, liegt die Stätte in Stille getaucht. Wie durch einen Umhang aus Zeit dringen Stimmen und Verkehrslärm hierher. Die Säule, als einziges Überbleibsel eines ausgedehnten und prachtvollen Gebäudekomplexes scheint auf seltsame Weise unzerstörbar zu sein. Nach Norden zu befand sich das Museion, bedeutendster Sitz der Gelehrsamkeit in der Antike, gleich daneben stand der imposante Tempel des Serapis. Nicht Pompejus selbst ließ dieses Monument errichten, sondern ein schmeichlerischer Bürger stiftete die Säule zu Ehren des Diokletian. Sie bildete einst den Mittelpunkt einer Kolonnade aus 400 Säulen. Nicht weit davon entfernt wurden die 200000 Rollen aufbewahrt, die Antonius in Pergamon geraubt und Kleopatra dargebracht hatte. Darunter waren zweifellos Gedichte von Nikander und Musaios, die Homertexte in der Edition des Krates von Mallos und das Geschichtswerk des Apollodoros von Athen. Der ungeheure Diebstahl beendete die Rivalität der Bibliotheken von Pergamon und Alexandria, ein Rangwettstreit, der die Ptolemäer zuletzt veranlaßt hatte, den Export von Papyrus zu verbieten in der Hoffnung, Pergamon könne aus Mangel an Rohstoff keine Manuskripte mehr herstellen. Die Aufregung der Gelehrten und Studenten am Museion angesichts der unvergleichlichen Sendung kann man sich gut vorstellen. Wie mögen ihnen die Finger gejuckt haben, als sie die Hälfte des gesammelten Wissens, das die Geschichte nach ihrer Kenntnis bis dahin aufbewahrt hatte, in Händen hielten.

Dagegen wandten sich die bezaubernden Figürchen im Griechisch-Römischen Museum, wohl die wichtigste Hinterlassenschaft des ptolemäischen Alexandria, an einen ganz anderen Menschenschlag. Diese Terrakotten – die qualitätvollste aus der Zeit Alexanders – erinnern an den berühmten Fund von Tanagra, nur daß das günstigere Klima Ägyptens ihnen die zarte Bemalung erhielt. In diesen anmutigen, zierlichen Figuren spiegelt sich die Menge, die die Straßen bevölkerte, als Philadelphos seinen Umzug veranstaltete. Man braucht hier nicht die Einbildungskraft zu bemühen, dies sind die wahrheitsgetreuen Abbilder derer, die uns unsere Phantasie als Geister in den Häusern und auf dem Asphalt der Straßen sehen läßt. Aus den Vitrinen blickt uns die temperamentvolle, fröhliche und frivole Ptolemäermetropole an; nicht die Wissenschaftler vom Museion, sondern die unterhaltsamen Gattinnen der Reichen, die Kurtisanen, Roués, Dandies, die Dichter und die gerissenen Händler des maritimen Umschlagplatzes. Eine unvergängliche Eleganz geht noch immer von diesen Figürchen aus. Überlegenheit demonstrieren sie, die Herren und Damen mit Frisuren nach der neuesten Mode; ein Spaßvogel lacht anscheinend über seine eigenen Witze, und neben ihm hebt eine Dame lächelnd ihren Rock, um ein bewundernswert schönes Bein zu zeigen. Diese fragilen Gestalten gleiten über dünnes Eis, und nur dank der Kunst des Bildhauers bricht es nicht. Wie die Zivilisation, deren Vertreter sie sind, versprühen sie Intelligenz, Leichtigkeit und Selbstbewußtsein. Waren diese Menschen jemals fähig gewesen, ernsthaft zu sein oder sich zu vernachlässigen? Haben sie die rauhe Wirklichkeit des Daseins je zur Kenntnis genommen? War es ihnen auferlegt auch nur einmal auf Thymian und Lilien verzichten zu müssen, und haben sie wohl hin und wieder ihre bezaubernde Garderobe mit vergossenem Wein besudelt oder schlaflos einem verhängnisvollen Tag entgegen gewacht? Vor diesen Vitrinen wird klar, daß diese Gesellschaft zu fragil und preziös war um dauern zu können, zu geistreich und zu übersättigt, um im schwerfälligen Gang der Geschichte lange zu existieren: Anmut und Dekadenz gingen Hand in Hand. Wie hätten diese der Unterhaltung und dem Lebensgenuß hingegebenen Menschen mit dem heranrückenden Nilschlamm fertig werden sollen? Wie die Inbrunst des Islam ertragen oder die extremen Forderungen Christi? Für das Mittelalter waren sie zu clever und zu fortgeschritten.

Aber nicht alle Mitglieder der hellenisierten Gesellschaft vertändelten ihre Zeit mit anmutigem Treiben und leichter Plauderei. Südlich von Alexandria erstreckte sich über achtzig Kilometer der Süßwassersee Mareotis. Sein Wasser stammte aus dem Nil und war durch eine Landenge von drei bis fünf Kilometern vom Meer getrennt. An diesem See waren viele solide, halbgriechische Gemeinden entstanden, die ein einfaches Bauerndasein führten. Das Leben an diesem See muß nahezu idyllisch gewesen sein, die gemächliche Gangart der Ereignisse hier bildete einen tröstlichen Kontrast zur Hektik und zum Flitter der Hauptstadt. In Plinthine am Nordufer sollen nach der Legende die ersten Trauben zu Wein gekeltert worden sein, und in der Ptolemäerzeit zogen sich sorgfältig gehegte Weingärten am Ufer entlang. Über den See kamen Boote mit allerlei Waren herüber, mit Oliven etwa oder mit der Weinernte des Herbstes beladen; nie wühlten Stürme die glatte Wasseroberfläche auf; denn obwohl so nahe am Meer gelegen, bot der See vollkommene Sicherheit. Kleine Städte bildeten sich am Ufer, Werften wuchsen in den See hinaus, und winzige Häfen gewährten einfachen Schiffen Schutz. Das Klima war angenehm; denn im Sommer kühlte die Nordbrise und blähte doch zugleich die Segel. Unberührt von allzu großem Glaubenseifer, von Arbeit nicht überlastet, genossen die Menschen in der Mareotis einen bescheidenen Wohlstand. Sie kümmerten sich um den Wein, segelten auf dem See und erfreuten sich im Laufe ihres Lebens stiller Beschaulichkeit und mancherlei Freuden.

Doch auch diese bescheidene Lebensform war zu gut, um von Dauer zu sein. Die griechisch-römische Epoche ging zu Ende, und als der komplizierte Mechanismus des Römischen Imperiums verfiel und dem Staatsapparat die Organisation zerbrach, fielen von Westen libysche Barbaren über die Siedlungen herein. Ihre Überfälle machten nach und nach das Leben unmöglich und die Kultur am See ging zugrunde. Zuletzt kam ein Herbst, in dem die

Trauben ungepflückt blieben, weil die Menschen fehlten sie zu ernten. Schließlich versiegte der Zufluß vom Nil, und der See verschwand.

Heutzutage haben auf den Hügelketten, von denen man einst auf den See hinabschaute, Beduinen ihre Zelte aufgeschlagen. In den früheren Weingärten grasen ihre Ziegen, und in guten Zeiten bauen sie hier ihre spärliche Gerste an. Ohne Neugier wandern sie durch die alten Häfen und suchen in den Trümmern einer alten Werft Schutz vor der Sonne. Nichts nehmen sie wahr von der Vergangenheit, die den Besucher der Mareotis als einer der bewegendsten Stätten Ägyptens so tief berührt. Seltsam, daß diese kultivierten und bescheidenen Weinbauern diesen einst blühenden Landstrich ebenso verlassen haben wie die mächtigen und stolzen Pharaonen das Niltal.

Die Reste des Sees bestehen heute aus Salzwasser und eines der Hauptprobleme der Beduinen ist die Beschaffung von Trinkwasser. Der Boden jedoch ist nach wie vor unausschöpflich fruchtbar, und wenn es im Winter nur ein paar Stunden regnet, überziehen sich die Hügel mit einem Teppich wilder Blumen. Auf dem Hügelkamm, der einst den See überragte, fährt man durch Asphodelen, Iris, Ranunkeln, Hyazinthen, Ziströschen, Verbenen und Mohn, durch ein Meer süßduftender Levkojen, Ringelblumen und Natternkopf. Schwerer Duft steigt auf aus dem endlos sich dehnenden Garten, den niemand pflegt, und dessen Farbenpracht überwältigt. Knietief in den Blumen stehen die braunen Zelte der Beduinen. Weiter südlich, wo der Meereswind keine Feuchtigkeit mehr bringt und nur selten Regen fällt, schwindet allmählich die üppige Pracht, um sich schließlich in die kahle, gelbgraue Sahara zu verlieren.

Steigt man hinunter in das Becken des ehemaligen Sees, auf dem einmal die Boote im Nordwind leicht dahinflogen oder kreuzten, so gelangt man zum Hafen von Taposiris Magna, dem einstigen Hauptort der Mareotis. Obwohl die Gezeiten im Frühling nur mehr Wogen von Blumen bringen, scheint uns der ausgestorbene Ort ungemein lebendig, verlassen zwar, doch überaus bevölkert. Kein Laut ist zu hören außer dem Summen der Bienen, und doch schallen Stimmen über das Wasser. Unser Ohr scheint das Plätschern der Ruder und die Geräusche der Werft zu vernehmen. Trockenen Fußes gehen wir an Ankerketten vorbei und unter Kielen fahrender Schiffe hindurch. In den Ruinen der Stadt blicken wir uns wiederholt um, nicht ganz frei von dem Gefühl, die Gastfreundschaft liebenswürdiger und verständiger Menschen auszunützen.

Auf der Höhe der Absenkung, die Stadt und See vom Meere trennt, steht der verfallene Tempel des Osiris, den diese Menschen verehrten; nicht weit davon der eingestürzte Signalturm, einstmals eine zehntelgroße Nachbildung des großen Leuchtturmes von Pharos, zu Ockergelb verwittert. Seine Lichtstrahlen gleiten heute nicht mehr über den See, und nachts ist Taposiris in Dunkelheit gehüllt.

Doch ein Blick hinunter vom blütenübersäten Gipfel des Hügels dorthin, wo vor Zeiten Handel und Wandel die Szene belebten, verscheucht den trostlosen Eindruck des wasserlosen Seebeckens. Von der lebensklugen Ausgeglichenheit der Weinhändler und ihres gemächlichen Tempos ist etwas zurückgeblieben, und die Weinbauern beseelen noch immer die Landschaft. Das Leben in der Mareotis, obwohl diese Griechen vermutlich an den Festen des Philadelphos nie teilgenommen haben oder den raschen Witz der Terrakottadamen im Museum wohl kaum verstanden hätten, ist nicht die kleinste Gabe, die die Ptolemäer Ägypten schenkten.

NEUNTES KAPITEL

Kairo – Stadt des Mittelalters und der Gegenwart

Beim ersten Eindruck erscheint der Zusammenprall mit dem 20. Jahrhundert gnadenlos. In nur einer Generation hat sich die Bevölkerungszahl von Kairo verdreifacht; die weiten grünen Gärten und Villen sind verschwunden, statt dessen erleben die schmutzigen, immer überfüllten Straßen eine pausenlose Folter durch das Heulen der Autohupen, und überall wachsen planlos Zementgiganten empor und überschatten die niedrigen alten Behausungen. Doch von den Fenstern zehnstöckiger Hotels aus erlebt der Fremde im Osten der modernen Stadt den faszinierenden Ausblick auf einen Wald von Minaretts. Auf den Straßen warten nach wie vor schwer beladene Kamele mit verächtlichem Blick auf das grüne Licht der Verkehrsampeln, und Felûkas gleiten still stromabwärts, während über ihnen auf den Brücken Autos und Lastwagen über den Nil dröhnen. Immer noch verneigen sich auf dem Steinpflaster am Ufer im Angesicht der Hochhäuser bei Sonnenuntergang Männer nach Mekka und immer noch bricht jedes Jahr der Heilige Teppich nach Mekka auf, heute allerdings nicht mehr wie sieben Jahrhunderte lang mit der Großen Ka-

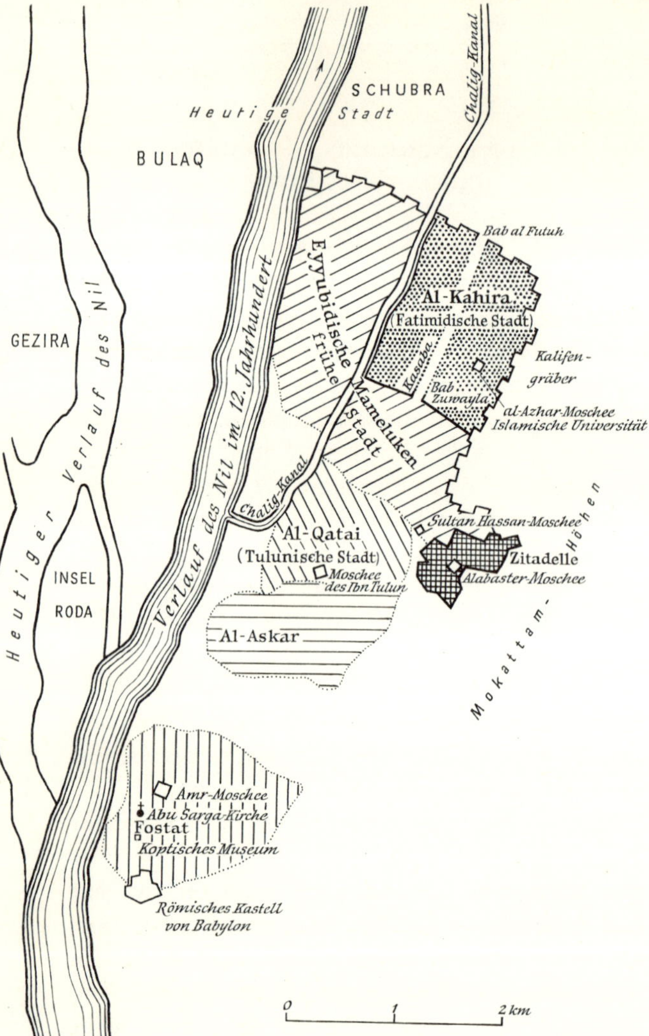

Das alte Kairo

rawane, sondern mit dem Flugzeug. Diese Gegensätze sind es, die inmitten einer verwestlichten Gegenwart vom Überleben einer anderen Stadt, der historischen Kapitale des Islam, lebendiges Zeugnis ablegen.

Kairo ist noch immer die Erste der mittelalterlichen Städte. Jahrhundertelang war die Stadt unermeßlich reich und hatte außerdem das Glück, dem Einfall der Mongolen zu entgehen, die die Pracht der ehrwürdigen Rivalin Bagdad in Schutt und Asche legten. Das Überleben Kairos ist ständig bedroht und gleicht eher einem Wunder: eine Mischung aus Glanz und Elend, außergewöhnlich in der Art seiner Repräsentanz wie seiner Armut. Obwohl die Stadt im Gesamtausmaß ägyptischer Zeitrechnung relativ spät auf den Plan tritt, ist ihr Alter von immerhin zweitausend Jahren anhand von Denkmälern gut zu belegen. Weder Rom noch Istanbul bieten einen vergleichbaren Reichtum an Architektur aus dem Mittelalter, und schließlich haben sich einige Viertel Alt-Kairos wohl ursprünglicher erhalten als die Altstädte der meisten übrigen Metropolen.

Die Geschichte dieser Stadt und ihrer Bauwerke beginnt mit einer römischen Festung und den Anfängen des Christentums. Ägypten spielte gerade in dieser Zeit der frühen Entwicklung der christlichen Religion eine entscheidende Rolle. So ließ sich der Kult um die Wiederauferstehung des Osiris in Verbindung mit Isis, der Heiligen Mutter mit dem göttlichen Horus-Kind, leicht mit dem neuen Glauben verbinden und assimilieren. Auch schenkten die Römer anfangs in einem Land, das die erstaunlichsten und zugleich seltsamsten Glaubensvorstellungen entwickelt hatte, der schnellen Ausbreitung dieser neuen Religion nur wenig Beachtung. Als dann Ende des 3. Jahrhunderts auch hier die Politik der Unterdrückung einsetzte, war es dafür schon zu spät. Obwohl, wie die Überlieferung behauptet, in den Verfolgungen des Decius und des Diokletian 144000 Menschen umkamen, konnte die Kirche in Ägypten ihren festen Stand behaupten. Und nur einhundert Jahre später wurde das Christentum für zweieinhalb Jahrhunderte die einzige offizielle Religion des Landes. Durch ein Edikt des Theodosius, Kaisers von Byzanz, wurden die heidnischen Tempel nach 379 gewaltsam geschlossen und viele von ihnen in christliche Kirchen umgewandelt. An den Mauern des Tempels von Philae, jenseits des Ersten Kataraktes von Assuan, der letzten Bastion der altägyptischen Priesterschaft, wurden damals die Worte eingemeißelt: »Das Kreuz hat gesiegt und wird immer siegen«.

Doch zum Ärger und schließlicher Empörung von Byzanz bestanden die Ägypter – starrköpfig und eigensinnig wie stets – auf ihrer eigenen Version der kaiserlich verordneten Religion. So glaubten sie, in Christus nur eine, die *eine* Natur entdeckt zu haben, wonach das Göttliche das Menschliche aufgesogen habe und nicht zwei Naturen, die göttliche und die menschliche getrennt, aber untrennbar, wie es die Orthodoxie wollte. Nachdem dann auf dem Konzil von Chalcedon im Jahre 451 der Monophysitismus einhellig verurteilt wurde, galt der überwiegende Teil der Ägypter hinfort als Schismatiker. Diese Spaltung, die ebenso auf nationalen wie religiösen Gefühlen basiert, spiegelt die seit der Ptolemäerzeit latent vorhandene Opposition alles ursprünglich Ägyptischen gegen das, was aus Griechenland kam. Fast zweihundert Jahre lang, zwischen Chalcedon bis zur Eroberung durch die Araber im Jahre 641, standen sich in Ägypten zwei Kirchen in unerbittlicher Feindseligkeit gegenüber: die von Byzanz staatlich verordnete orthodoxe oder melkitische und die monophysitische oder koptische Kirche, die ihre von der wahren Lehre überzeugte Anhängerschaft im größeren Teil der Bevölkerung hatte.

Das strategisch wichtige römische Kastell von Babylon, südlich des späteren Kairo, bildete damals den Mittelpunkt eines kleinen Hafens und einer kleinen Stadt. Für die ägyptischen Christen war dieser Ort von besonderer Bedeutung, da sich hier die Heilige Familie nach ihrer Flucht aus Palästina niedergelassen haben sollte. Heute noch sind innerhalb der verfallenen Befestigungsanlagen, in denen einst die Garnison der Byzantiner untergebracht war, sechs koptische Kirchen erhalten; ein armes Viertel mit einem Gewirr enger Gassen, doch haben hier Christen wohl seit den Zeiten, als Markus in Ägypten im ersten nachchristlichen Jahrhundert das Evangelium verbreitete, gewohnt. Wahrscheinlich werden hier auch Athanasius und die frühen

Kirchenväter gepredigt haben, und hier fanden auch die ersten christlichen Gottesdienste statt, jahrhundertelang bevor dann der Islam seinen Einzug hielt. Diese Kontinuität berührt seltsam. Obwohl die Kirchen zu wiederholten Malen neu aufgebaut oder ausgebessert wurden, hat sich der Ritus der Monophysiten seit dem 5. Jahrhundert in der gleichen Form erhalten und im Prinzip bis heute keine Veränderungen erlebt.

Die Kirchen mit basilikalem Grundriß und drei Apsiden (letztere mit den für Rom charakteristischen Bischofsstühlen) besitzen alle, und das ist für sie besonders charakteristisch, ein Querschiff an der Westseite, das den Zweck eines inneren Narthex erfüllt zu haben scheint. Bemerkenswert sind vor allem die hervorragend skulpierten Kanzeln aus Marmor und feines, in die hölzernen Ikonostasen eingesetztes Elfenbeinschnitzwerk, für das koptische Arbeiten berühmt sind. Beides läßt sich anhand von Beispielen aus dem 9. bis 11. Jahrhundert belegen, weitaus älter ist allerdings die Krypta der Kirche Abu Sarga, die vielleicht noch vor das 5. Jahrhundert zurückreicht. Es ist von allen bedeutenden Heiligtümern des frühen Christentums das schlichteste und wurde darum auch am wenigsten dem jeweiligen Zeitgeschmack angepaßt. Das Bodenniveau der Umgebung hat sich mittlerweile um fast sechs Meter erhöht, und nach der geheiligten Überlieferung bezeichnet die Krypta jene Stelle – damals im jüdischen Viertel von Babylon gelegen –, an der die Heilige Familie während ihres Aufenthaltes in Ägypten gelebt haben soll. Sollte Jesus wirklich in dieser Gegend zu sprechen gelernt haben – war es dann wohl das Aramäisch seiner Eltern? Hier wäre er dann auch mit der weiteren Umwelt vertraut gemacht worden, und hier wäre auch der Ort zu suchen, an dem er die Beziehungen der Menschen untereinander näher kennenlernte, Beziehungen, die er später durch seine Lehren zu ändern trachtete. Im nahegelegenen Koptischen Museum bezeugen Holzschnitzereien, vielfältige Elfenbeinarbeiten und frühe Textilien, daß die sehr eigenständige und vor allem religiös geprägte Kunst der Kopten, aus hellenistischer Tradition kommend, Mitte des 4. Jahrhunderts bereits voll ausgebildet war. Ihre technische Fertigkeit und speziell die Motive ihres Dekors wurden dann dreihundert Jahre später an die Moslems weitergereicht.

Der relativ gute Erhaltungszustand der Kirchen von Babylon (oder Masr al-Kadim, deutsch ›Alt-Kairo‹, wie man heute sagt) erscheint dennoch weniger erstaunlich als das Überleben der Kopten als lebendige Gemeinschaft selbst. Mit ihnen haben wir ein weiteres Beispiel für die wahrlich unumstößliche Widerstandskraft, wie sie seit alters gerade das Niltal auszeichnet. So blieb, als nach der Eroberung durch die Araber das Christentum überall in Nordafrika verschwand, dieses in Ägypten erhalten, und die Kopten bewahrten trotz feindseliger Umwelt und zeitweiliger Verfolgung weiterhin ihren Glauben. Kopten und Ägypter, ursprünglich synonym, waren, als die Araber kamen, die letzten

Vertreter der pharaonischen und ptolemäischen Zivilisation in allerdings christianisierter Form. *Qipt,* die arabische Bezeichnung für ›Kopte‹ ist das gleiche Wort für ›Ägypter‹, denn beide Versionen leiten sich ihrem Ursprung nach von der griechischen Bezeichnung ›Aigyptios‹ ab. Überdies fließt noch heute das Blut der alten Ägypter in den Adern dieser religiösen Minderheit, die noch immer am monophysitischen Glauben festhält, haben doch Kopten kaum außerhalb ihrer Glaubensgemeinschaft Ehen geschlossen. Speziell in Babylon wurde bis ins 11. Jahrhundert ›ägyptisch‹ also ›koptisch‹ gesprochen, und in Teilen Oberägyptens hielt sich die Sprache sogar noch zwei bis dreihundert Jahre länger. Heute allerdings wird das mit griechischen Buchstaben geschriebene Koptisch nur mehr als Liturgiesprache verwendet.

Jahrhundertelang wechselndem Druck ausgesetzt, haben viele Kopten von ihrem Glauben gelassen und sind um mannigfacher Vorteile willen, aus Gleichgültigkeit oder unter dem Druck von Verfolgung zum Islam übergetreten. Der zähe Rest – heute etwa fünf Prozent der Bevölkerung – hat somit einen langen und schmerzhaften Prozeß der Selektion durchlebt. Er besteht aus Menschen, deren Vorfahren entweder klug genug waren, sich der Verfolgung zu entziehen oder aber über genügend Tapferkeit verfügten, sie zu erleiden, weil für sie einfach nur das Christentum in Frage kam. Jahrhundertelange Anpassungsfähigkeit und die Intelligenz der Kopten führten dazu, daß gerade sie oft in bedeutende Positionen aufstiegen. So finden wir sie häufig als Schatzmeister und Finanzverwalter und -berater ihrer muslimischen Herren, so daß sie schließlich im 19. und 20. Jahrhundert infolge ihrer hohen Intelligenz nicht selten zu beträchtlichem Reichtum gelangten. Gleichzeitig aber neigten auch die Kopten dazu, alle die negativen Eigenschaften zu entwickeln, wie sie für die meisten unterdrückten Minderheiten charakteristisch sind. So erstaunt es kaum, daß sie häufig korrupt waren, hingen doch die persönliche Sicherheit und nicht zuletzt gerade eine herausragende Stellung in erster Linie von ihrer Schlauheit ab, und ihre Religion und ihre Gemeinschaft konnten nur durch Loyalitätserklärungen und ein gewisses Maß an diplomatischer Spitzfindigkeit erhalten bleiben. Dennoch müssen diese Mängel im Licht einer religiösen Beständigkeit gesehen werden, die schon fast ans Heroische grenzt.

Ihren byzantinischen Herren entfremdet, waren die Christen von Babylon nicht sonderlich unglücklich, als die Stadt 641 der zahlenmäßig geringen Streitmacht des arabischen Feldherrn Amr unterlag. Wahrscheinlich haben sie sogar die darauffolgende Entscheidung des Feldherrn gutgeheißen, die neue Hauptstadt des islamischen Ägypten unmittelbar nördlich davon zu errichten. Auf den Gräben (lateinisch *fossatum*) der Belagerer errichtet, wurde sie ›Fostat‹ genannt. Obwohl auf ihrem Boden die erste Moschee in Ägypten, die Amr-Moschee, errichtet wurde, war sie ursprünglich als

Feldlager mit getrennten Quartieren für die Militärkontingente der verschiedenen arabischen Stämme geplant. Bald allerdings entwickelte sich die Siedlung zu einem ansehnlichen Hafen und Fostat behielt seine führende Rolle als Handelszentrum bis in das Jahr 1168, als es beim Nahen der Kreuzritter in Flammen aufging. Zwar wurde den Franken auf diese Weise die Beute vorenthalten, aber die Stadt, die vierundfünfzig Tage lang brannte, konnte den vormaligen Wohlstand niemals wiedererlangen.

Fostat war nur die erste von fünf Entwicklungsphasen, die systematisch und nach Plan das Wachstum der mittelalterlichen Stadt förderten. Alle Stadtgründungen lagen zwischen den Mokattamhöhen und dem Lauf eines antiken Kanals, der den Nil mit dem Roten Meer verband (bei den Moslem unter dem Namen Chalig bekannt, wurde der Kanal aus politischem Kalkül als internationaler Wasserweg bereits 765 geschlossen). Da der Wind meist von Norden her über die sandige Ebene wehte und die aufeinanderfolgenden Herrscher gern in den Genuß der kühlen Sommerbrise kommen wollten, wuchs die Stadt bis zum Ende des 12. Jahrhunderts immer weiter nach Norden.

Von 660 bis 750 unterstand Ägypten den gewinnenden, das Zeremoniell verachtenden Omayyadenkalifen von Damaskus, 750 gingen dann Macht und Kalifat an die Abbasiden über, so daß Ägypten von nun an von Bagdad aus regiert wurde. Ihre nächste bedeutende Erweiterung erfuhr die neue

Hauptstadt Ägyptens in dieser Epoche unter dem abbasidischen Gouverneur Ibn Tulun, der im Jahre 870 auch die Unabhängigkeit von Bagdad erklärte. Nördlich von Fostat – und auch nördlich einer aus dem 8. Jahrhundert stammenden Siedlung namens al-Askar, von der leider so gut wie nichts erhalten blieb – ließ er die neue Residenz al-Qātai erbauen, die u. a. auch einen Palast und Regierungsgebäude, ein Hippodrom und jene berühmte Moschee enthielt, die bis auf den heutigen Tag seinen Namen trägt. Ibn Tulun selbst war ein Mann von hervorragender Intelligenz, Gelehrsamkeit und Charakter. Zwar sollte sein Sohn Chumaraweyh seine Liebe zum Bauen von ihm erben, aber nur wenige der anderen guten Eigenschaften des Vaters. Dennoch müssen wir gerade diesem Faulenzer dankbar sein, hat er uns doch zumindest eine Vorstellung vom Reichtum und Luxus der Hauptstadt der Tuluniden vermittelt. Da er an Schlaflosigkeit litt, hatte er in Verbindung mit einem Palast, der den seines Vaters an Größe übertraf, ein Quecksilberbecken anlegen lassen, das von einer Loggia umgeben war, deren Dach von silbernen Säulen getragen wurde. Hier, auf einem Berg weicher Kissen hingelagert, suchte er Schlaf, während ein blauäugiger Löwe Wache hielt.

Etwas mehr als zwei Generationen später, nachdem der schlaflose Chumaraweyh durch Mord geendet hatte, gelang es den Fatimiden, die, wie nur wenige Invasoren vorher, von Westen aus Tunesien kamen, Ägypten zu erobern. Wie die Perser noch heute, so waren sie Anhänger der Schia, also Mitglieder einer Sekte des Islam, die sich durch vielschichtige Einflüsse von der Orthodoxie entfernt hatte und den Anspruch auf das Kalifat auf Ali, den ermordeten Gatten der Prophetentochter Fatima, zurückführten. Durch den Sieg der Fatimiden wurde Ägypten Sitz des Schiiten-Kalifats; es hielt sich über zweihundert Jahre an der Macht und reichte zur Zeit seiner größten Expansion von Tripolis bis nach Damaskus. Als Zeichen ihrer Machtergreifung gründeten die Fatimiden 969 im Norden des damals schon weitgehend verfallenen tulunidischen al-Qātai die königliche Residenz al-Kahira, die ›Siegreiche‹. Italienische Kaufleute verschliffen diese Lautfolge später zu ›Kairo‹. Die angestammten Bewohner allerdings nannten sie schon seit Jahrhunderten und nennen sie noch heute einfach die ›Stadt‹, arabisch ›Masr‹.

Im Rechteck geplant wie einst das ptolemäische Alexandria, war al-Kahira eine kunstvolle und anspruchsvolle Schöpfung. Während die Stadtmauern im Westen den Chalig-Kanal erreichten, berührten sie im Osten den Rand der Wüste etwa in jener Gegend, wo sich noch heute die Totenstadt erstreckt, deren vornehmster erster Bewohner Badr al-Gamali, ein Wesir armenischer Herkunft, die noch heute so eindrucksvollen Tore der Fatimidenstadt schuf. Von Norden nach Süden durchschnitt al-Kahira die breite Kasaba al-Kahira, wohl eine Straße, die von größeren und kleineren Palastanlagen flankiert war. Insgesamt soll die Stadtfläche damals siebzig Morgen betragen haben, und im 11. Jahrhundert wohnten in den Palästen 12000 Domestiken. In reich bewässerten Gärten waren zusätzlich weitere königliche kleine Lustschlösser zu bewundern, der Pavillon der Smaragde, des Zephyrs, des Sieges und (am Chalig) der Pavillon des Goldes und der Perlen. Aus strengen, aber dennoch eleganten Moscheen wurde zu gleicher Zeit die schiitische Glaubensrichtung verbreitet, eine Ironie der Geschichte, wenn man bedenkt, daß ausgerechnet die al-Azhar-Moschee, früheste Gründung der Fatimiden, in späteren Jahrhunderten die mächtigste theologische Schule des Islam aufnahm und zum Hort der sunnitischen Rechtgläubigkeit werden sollte.

Der früheren Hauptstadt der Tuluniden gleich war al-Kahira ein Verwaltungsbezirk, Sitz militärischer und ziviler Dienststellen und als Schöpfung eines absolutistischen Kalifen, den mit den Sitten der Wüstenaraber nichts mehr verband, war die Stadt in vieler Hinsicht geradezu von einer byzantinischen Förmlichkeit und Repräsentation. Wenn sich innerhalb der Mauern von al-Kahira Kaufleute und Händler aus Fostat aufhalten wollten, so benötigten sie dazu eine besondere Erlaubnis; Beamte, die das Privileg der Reitergenehmigung genossen, durften hier ihr Pferd nur Schritt reiten lassen, und ausländische Gesandte durften sich gar nur zu Fuß nähern. Wilhelm von Tyrus, der uns in treffenden Worten den Besuch einer fränkischen Gesandtschaft im Jahre 1167 schildert, gibt auch einen Eindruck von dem imponierenden Auftreten, mit dem sich die fatimidischen Kalifen umgaben.

»Vom Wesir und seinem bewaffneten Gefolge durch die unterirdischen Gänge eskortiert, übrigens eine ausgesprochene Besonderheit des Palastes, schritten die Franken durch eine Reihe von Torwegen, die von äthiopischen Sklaven bewacht wurden, und gelangten dann in einen mit Steinintarsien ausgelegten Hof. Seine Marmorsäulen trugen Loggien, deren Decken wiederum in durchbrochener Arbeit gehalten und vergoldet waren. Fischteiche aus Marmor enthielten klarstes Wasser, und sie erblickten exotische Vögel und seltsame Tiere ›wie man sie sonst nur im Traum zu sehen bekommt‹. Als sie sich dem inneren Bereich des Palastes näherten, waren sie von dem ständig zunehmenden Reichtum und dem sich steigernden hohen Lebensniveau erstaunt und tief beeindruckt. Als sie schließlich vor dem königlichen Diwan angelangt waren und anhielten, warf sich der Wesir dreimal zu Boden und entledigte sich seines Schwertes. Und erst dann, als die perlenbestickten und goldbesetzten Vorhänge beiseite gezogen wurden, war der mit Spannung erwartete Augenblick gekommen, da der Kalif selbst, gleichsam enthüllt, im königlichen Ornat auf einem goldenen Thron vor ihnen saß«.

Die frühen Kalifen der Schia waren selbst nicht weniger bemerkenswert als ihre Stadt. Mit ihrer Toleranz in Fragen des Glaubens und ihren allumfassenden Interessen erinnern die ersten Fatimidenherrscher Ägyptens, al-Muizz und sein Sohn al-

Aziz in vieler Beziehung an Kaiser Friedrich II. zweihundert Jahre später. Klug, gebildet und bestens informiert waren sie begeisterte Förderer der Wissenschaften und Künste. Architektur, Keramik und Webkunst ihrer Zeit gehören zu den größten Errungenschaften des mittelalterlichen Ägypten. Überdies bot auch ihre Stadt einen Abglanz ihres immensen Reichtums. So pflegte der Kalif al-Aziz Turbane aus Goldfäden zu tragen, und wenn er ausritt, duftete sein juwelengeschmückter Harnisch nach Ambra, während seine Hengste Pferdegeschirr mit Goldeinlagen trugen. Seine Schwester, die als alte Prinzessin im Jahre 1050 starb, hinterließ »neben vielen anderen Dingen nicht weniger als fünf Säcke Smaragde, 3000 getriebene und mit Einlagen verzierte Silbergefäße, 30000 Stück sizilianischer Stickerei (hauptsächlich wohl gewebte Stoffe) und neunzig Wasserkannen und Schüsseln aus purem Bergkristall[9]«. Selbst später noch, als der Niedergang der Dynastie sich bereits abzuzeichnen begann, brüstete sich der Kalif seiner achtunddreißig Staatsbarken, und unter seinen Schätzen befanden sich so exotische Glanzlichter wie ein Schachspiel mit Figuren aus Gold und Silber, eine mit Perlen besetzte Antilope und ein goldener Pfau mit Rubinaugen und Federn in Zellenschmelz.

Doch seit dem Ende des 11. Jahrhunderts gerieten die Fatimiden in zunehmendem Maße in Schwierigkeiten: auf der einen Seite bekamen sie den Druck des sunnitischen Kalifats von Bagdad zu spüren, auf der anderen Seite die Feindseligkeiten des fränkischen Königtums von Jerusalem. Kurz nach dem Besuch der Kreuzfahrer-Gesandtschaft, dessen Schilderung wir Wilhelm von Tyrus verdanken, wurde Fostat vom Feuer vernichtet, und nur drei Jahre später nahm der große Saladin 1171 im Namen der Abbasiden von Bagdad al-Kahira, die Siegreiche, ein. Das aber war das Ende der Fatimidenherrschaft und des schiitischen Kalifats zugleich.

Saladin, der lediglich die Lehensherrschaft Bagdads anerkannte, ging es vor allem um die Stellung seiner eigenen Dynastie, der Eyyubiden. Die Glaubensrichtung der Schia wurde durch die sunnitische Rechtgläubigkeit ersetzt, und in die Stellungen der Beamten des Fatimidenregimes rückten jetzt Militärverwalter nach. Gleichzeitig ergriff Saladin Maßnahmen zur Beseitigung der privilegierten Rolle al-Kahiras als Symbol der Fatimidenzeit. In den Palästen und Pavillons quartierte er die Offiziere ein, und Flüchtlinge aus Fostat wurden ermutigt, sich innerhalb der Mauern niederzulassen. Die vordem königliche Enklave wurde zum Handelsplatz. In den Gärten wuchsen Neubauten empor, und auch die strenge Symmetrie der ursprünglichen Stadtanlage ging bald verloren; es entwickelte sich jenes quirlende Häusergewirr, das wir heute als authentisches Überbleibsel der mittelalterlichen Stadt betrachten.

Aber wie seine mächtigen Vorgänger Amr, Ibn Tulun und al-Muizz leistete Saladin ebenfalls seinen Beitrag als großer Bauherr. Es war die letzte, nicht minder beeindruckende Erweiterung der mittelalterlichen Stadt. Wieder handelte es sich bei diesem neuen Bauvorhaben um ein Palast- und Verwaltungsviertel. Mit den Augen des erfahrenen Soldaten wählte Saladin die Erhöhung, die nachmals als Zitadelle bezeichnet wurde, zum Bauplatz, unmittelbar an den Mokattam-Höhen und südöstlich der Fatimiden-Stadt gelegen. 1176 begonnen und mit massiven Bruchsteinmauern umgeben, die an Kreuzfahrerbauten erinnern, wie sie Saladin aus Syrien kannte, wurde die Zitadelle eine ausgedehnte Festung und zugleich Palastanlage. Tiefe Brunnen und komplizierte Bewässerungsanlagen verwandelten den trockenen Hügel in einen blühenden Garten, innerhalb der Mauern wuchsen Moscheen empor. Der Platz war so vorteilhaft gewählt und so hervorragend zur Verteidigung geeignet, daß er selbst in den unruhigen Jahrhunderten der Mamlukenherrschaft und unter den Osmanen Sitz der Regierung blieb.

Zwischen 1252, als Saladins Dynastie zusammenbrach, und 1517, der Ankunft der Türken, wurde Ägypten von den Mamluken regiert. Diese Militäraristokratie, die mehr als nur eine Gemeinsamkeit mit den Condottieri Europas aufzuweisen hat, rekrutierte sich vorwiegend aus turkstämmigen und tscherkessischen Sklaven, geboren von christlichen Eltern. Aus ihren Kreisen erhoben sie Sultane, um sie ebenso häufig wieder abzusetzen oder gar zu ermorden. Den Anschein der Legitimation hatten sie jenem Umstand zu verdanken, daß seit 1258 der Vertreter des orthodoxen Kalifats von Bagdad in Kairo residierte, dem sie Unterschlupf ohne Machtbefugnis gewährt hatten. Wenngleich auch die Mamlukenherrschaft blutig und instabil war, waren es immerhin diese Berufssoldaten, denen die Vertreibung der Franken aus Palästina gelang und die mehrfach die Mongolen zurückwarfen, so daß Kairo das Schicksal von Bagdad erspart geblieben ist. Überraschenderweise – aber zum Glück für die Nachwelt – frönten auch sie der Baukunst. Zwar schufen sie keine neue imponierende Stadt, aber die bereits vorhandene füllten sie mit Palästen, Moscheen, Mausoleen, Hospitälern, Bädern und Karawansereien. Heute bilden diese Monumente ihrer Macht, ihres Reichtums und ihrer Prahlerei den größten Teil der erhaltenen architektonischen Hinterlassenschaft des Mittelalters.

Immer wieder gingen aus den Reihen der Mamluken auch Sultane mit herausragenden Fähigkeiten als Feldherren und Verwalter hervor. Viele dieser großen Namen sind noch immer durch die verschiedenen Prachtbauten, die diese Herrscher errichten ließen, lebendig: Baibars, Qalaun, an-Nasir, Qait-Bay, al-Ghori. Die eigentliche Glanzzeit der Mamluken erlebte Kairo während der langen Regierung an-Nasirs (1303–41), nachdem sowohl Kreuzfahrer wie Mongolen ihre entscheidenden Niederlagen erlitten hatten. Ägypten kontrollierte damals alle wichtigen Häfen der Levante und auch der Karawanenverkehr sorgte für wachsenden Reichtum, so daß sogar noch vierzig Jahre nach an-Nasirs Tod der Reisende Ibn Chaldun die Stadt so beschrieb: »Ich betrat die Metropole des Universums, den Garten der Welt ... das Tor des Islam, den Thron der Königsherrschaft, eine Stadt, ebenso reich an Lustbauten und Palästen wie an Konventen und Schulen, erleuchtet von Sternen der Gelehrsamkeit«.

Mit der Ankunft der Osmanen 1517 änderten sich die Verhältnisse grundlegend. Der letzte Mamlukensultan, Tuman Bey, wurde vor dem Zuwayla-Tor des alten Fatimidenviertels gekreuzigt und der letzte der Schattenkalifen von Bagdad nach Konstantinopel vertrieben. Ägypten wurde eine der Provinzen des Osmanenreiches, die von der Pforte ernannte Paschas von der Zitadelle aus verwalteten. Zwar wurde dem Niedergang Kairos in den nun folgenden dreihundert Jahren kaum Einhalt geboten, aber dennoch sollte man dafür nicht nur die osmanische Mißwirtschaft verantwortlich machen. Die Entdeckung der Route ums Kap der Guten Hoffnung nach Indien ließ den Karawanenhandel zurückgehen, der lange Zeit die Vitalität der Wirtschaft gewährleistet hatte. Außerdem beunruhigten unzählige Mamlukenbeys mit ihrem Anhang die Stadt und die osmanische Verwaltung. Unter diesen Umständen mag es verwundern, daß die Bautätigkeit anhielt; ein Erbe des 17. und 18. Jahrhunderts sind die meisterhaft gestalteten Sebils (Brunnen) aus Marmor und Stuck, die heute der mittelalterlichen Stadt oft eine barocke Note geben.

Nach dem napoleonischen Zwischenspiel wurde Mehemet Ali Pascha zum Symbol des 19. Jahrhunderts. Aus naheliegenden und praktischen Gründen erklärte sich der fähige Albaner zunächst einmal unabhängig von der Pforte, entledigte sich auf grausame, aber wirksame Weise der Mamlukenbeys und begann, von Franzosen beraten, mit dem Aufbau eines europäisch orientierten, modernen Kairo. Wenn auch bald Boulevards wie die Scharia al-Muski und die Scharia Mehemet Ali häßlich wie Operationsnarben das unersetzliche dichte Gewebe der historischen Vergangenheit durchzogen, spielte sich die neue Entwicklungsphase der Stadt glücklicherweise vor allem westlich der mittelalterlichen Stadt ab, und zwar zwischen dem Chalig-Kanal, der aufgefüllt wurde, und dem Nil. Das 19. Jahrhundert fügte nun die letzten Werke nennenswerter Architektur hinzu: die in einem späten Rokoko erbauten Paläste der Khediven.

In vieler Weise sowohl dem Geschmack der Türken entsprechend als auch den traditionellen Schnörkeln der Arabeske entgegenkommend, fanden Barock und Rokoko hier, wie an den Ufern des Bosporus, eine letzte orginelle Ausprägung.

Die großartige islamische Stadt, die ihresgleichen im Mittelalter nicht hatte, und deren Entwicklung hier kurz skizziert wurde, hätte eigentlich sterben müssen. In jedem anderen Land wäre sie vielleicht auch schon tot. Doch trotz all der Bedrängnisse des

31 *Alexandrinerin. Terrakotta bemalt, um 250 v. Chr.*

32 *Frau aus der Oase Fayum, in der viele Griechen ansässig geworden waren. Mumienbildnis, 1. Jahrhundert n. Chr.*

33 *Mann aus der Oase Fayum. Mumienbildnis 1. Jahrhundert n. Chr.*

34 *Blick ins Wadi Hammamat (Ostküste), jahrtausendelang Karawanen- und Pilgerstraße.*

35 *Eva und Adam. Fresko aus der Oase Fayum, 8.-9. Jahrhundert*

36 *Christi Geburt und die Ankunft der Hl. Drei Könige.*
Geschnitzte Holztafel aus Abu Sarga, 7.–8. Jahrhundert

20. Jahrhunderts existiert sie noch. Auf dem Gebiet der einstigen Fatimiden-Enklave und in dem südlich angrenzenden Viertel um die Ibn Tulun Moschee ist sie sogar springlebendig. Man muß nur durch die Seitenstraßen und die gewundenen Gassen gehen, um die Stadt wiederzuerkennen, die Lane in seinem ›Modern Egyptians‹ vor anderthalb Jahrhunderten zeichnete. Natürlich hat es Veränderungen gegeben, und nicht immer zum Besseren. Aber die Farben, Laute und Bewegungen sind noch immer die gleichen, die architektonische Pracht in Überschwang und Verfall ist geblieben. Auf einer Türschwelle sitzt der Schneider über seine Nadel gebeugt, die kleinen Händler trinken türkischen Kaffee, während sie gemächlich ihre Geschäfte abwickeln, eine faltige Hand streckt aus einem gestickten Kaftanärmel eine Flöte aus Kirschbaumholz mit Bernsteinmundstück heraus. Ein Blinder steht neben einer Säule aus heißen Brotfladen, deren Form sich seit undenklichen Zeiten nicht geändert hat, und mit dem Klingeln seiner Metallplättchen zieht der Scherbet-Verkäufer vorbei. Frauen in schwarzen Gewändern, zwar nicht mehr verschleiert, aber im Schreiten noch immer Statuen gleich, lassen silberne Knöchelreifen aufblitzen. Hochmütig dreinblickende Kamele mit Bergen von Futter aus grünem Klee bahnen sich mit der schwankenden Last ihren Weg durch die Menge, Gabelweihen ziehen ihre Kreise am strahlenden Himmel oben, und das Sonnenlicht streift hundert Minaretts und fällt auf eine halbe Million flacher

Dächer. Aus den pulsierenden Schächten der Straßen steigt ein Summen auf.

In dieser Umgebung vermitteln die Moscheen ein intensives Gefühl des Losgelöstseins. Sie wirken so still wie diejenigen, die sie betreten, um dort zu beten. Am verhaltenen Farbton des Mauerwerks, am Gefühl der Zeit, das aus ihnen rinnt wie das Wasser der Brunnen für die rituelle Waschung, prallen die Forderungen der Straße ab. Ein einziger Schritt über die Türschwelle führt in die Stille. Der leere Hof, die kühlen Arkaden, Sonne und Schatten, vielleicht aber vor allem die Weite und Schlichtheit der frühen Moscheen, passen zu einer zurückhaltenden Form von religiöser Verehrung. Das Drum und Dran vieler christlicher Kirchen dagegen lenkt ab. Hier gibt es keine für bestimmte Familien reservierten Kirchenstühle, keine Altäre, keine Leuchter, keine Bilder, keine Skulpturen, keine Votivgaben. Musik ist überflüssig, wo in den Straßen stets Lärm ist, und den Farbeindrücken zu entkommen, ist wohltuend in einem Land, wo stets die Sonne scheint. Das Maß und die kühle Ordnung dieser Moscheen gewährt ein Entrinnen aus dem lauten und geschäftigen Leben. In diesen leeren Gevierten findet der Moslem den Kontrast, den der katholische Bauer im farbigen Glanz, in der Wärme und der Musik seiner Kirchen sucht.

Die Moscheen von Kairo verdeutlichen beispielhaft das, was man mangels einer besseren Benennung die klassische Tradition der islamischen Architektur nennen möchte. Diese lehnt alles Exzentrische wie Maßwerk, Hufeisenbogen oder Zwiebelkuppel ab. Sie wirkt – zumindest vor der Mamlukenzeit – der Tendenz der arabischen Kunst zur sinnentleerten Fülle und bedeutungslosen Arabeske entgegen. Die Ausgewogenheit von glatten und ornamentierten Flächen wird genauestens beachtet. Darum wird jeder, dem anderswo islamische Kunst begegnete, die sich in unruhiger Vielschichtigkeit und nichtssagender eleganter Form erschöpft, von der Würde und Einfachheit dieser mittelalterlichen Bauten in Kairo überrascht sein. Vielleicht sollte an dieser Stelle kurz auf die Entwicklung der islamischen Architektur eingegangen werden. Als Wüstenbewohner brachten die Araber keine Architektur mit, der für sie dann charakteristische Stil entwickelte sich vielmehr aus der Konfrontation mit im wesentlichen zwei unterschiedlichen Bauweisen: der Ziegel- und Stucktechnik Mesopotamiens und der Quadersteintechnik Nordsyriens. Was die Araber jedoch von Anbeginn hatten, waren ihre vom Ritual geprägten Anforderungen an ein Bauwerk, und sie fanden innerhalb eines Jahrhunderts nach dem Tode Mohammeds 632 angemessenen Ausdruck. Allen Moscheen gemeinsam sind der Mihrab, die mit Schmuckwerk versehene Nische, die die Richtung nach Mekka anzeigt; Minbar, die Kanzel, möglicherweise vom Kirchenbau Nordsyriens abgeleitet; Maqsura, die durch ein Gitter abgesperrte Loge für den Kalifen und später den Imam, wenn er zum Gebet erschien; und die Dikka, ein erhöhtes Podium, von dem aus der

Koran verlesen wird und die Gebete des Imam genannten Vorbeters an die versammelten Gläubigen weitergegeben werden, ferner das Becken für die rituelle Waschung und schließlich das Minarett, von wo aus der Muezzin, in der Rolle des Herolds von Mohammed, zum Gebet aufruft.

Allen diesen vom Ritual geforderten Einrichtungen wurde Rechnung getragen. Es sei jedoch hervorgehoben, daß die Moschee niemals als Wohnung der Gottheit galt, sie enthält also kein Sanktuar und in ihr dient auch keine offizielle Priesterschaft. Analog zum Hof, der im Anwesen Mohammeds in Medina seine Gefolgsleute zum Gebet versammelte, ist die Moschee in erster Linie der Versammlungsplatz der Gläubigen. Theoretisch mußten die ersten Moscheen demnach groß genug sein, um die gesamte muslimische Gemeinde aufnehmen zu können.

Vor dem 16. Jahrhundert gab es die Moschee in zwei Haupttypen, die beide in Kairo in vollendeter Form erhalten sind: einmal die Versammlungs- oder Hofmoschee, deren beste Beispiele aus dem 9. bis 11. Jahrhundert stammen. Es handelt sich im Grunde um einen von Arkaden umgebenen Hof, so daß in diesem Moscheetyp der Gedanke der Versammlung am deutlichsten zum Ausdruck kommt. Die bogenförmigen Arkaden trugen zumeist Flachdächer auf Säulen oder Pfeilern. Die Bogengänge gegenüber der Mekka-Wand oder Qibla, meist vier- oder mehrschiffig, auf jeden Fall aber zahlreicher als die Umgänge an den übrigen Hofseiten, enthielten Mihrab (meist mit einer kleinen Kuppel davor), Minbar, Maqsura und Dikka. Das Brunnenhaus lag zweckentsprechend meist in der Mitte des Hofes und ein oder mehrere Minaretts erhoben sich an der am weitesten von der Qibla entfernten Stelle der Anlage.

Seit dem Ende des 12. Jahrhunderts nahm die Tendenz zu, die Hofmoschee durch die Medresenmoschee, das heißt Lehrmoschee, zu ersetzen. Dieser Typus, obwohl oft kleiner, ist eine höchst verfeinerte Variante. Die Arkaden der Versammlungsmoschee machen vier Iwanen Platz, gewölbten Hallen, deren emporstrebende Bögen sich zum Hof hin öffnen. Etwa um die gleiche Zeit wurde auch das äußere Portal der Moschee, häufig flankiert von zwei Minaretts, ein wichtiger architektonischer Bestandteil. In zunehmendem Maße bezog man nun auch das überkuppelte Mausoleum, meist des Gründers der Moschee, in die Anlage ein. Seit dem 14. Jahrhundert kamen häufig noch zwei weitere Komponenten hinzu: ein Brunnen und eine Koranschule – Sebil und Kuttab.

Das früheste islamische Bauwerk in Kairo, die Moschee des Eroberers Amr in Fostat, einstmals eine Erinnerungen heraufbeschwörende Ruine, ist gnadenloser Restaurierung zum Opfer gefallen. So beginnt die Erforschung der muslimischen Architektur heute mit der Moschee des Ibn Tulun aus dem 9. Jahrhundert. Sie befindet sich westlich eines Platzes, der nicht ganz passend an der Stelle des Meydan und Hippodroms des Ibn Tulun liegt, wo seinerzeit 30000 ausgewählte Soldaten ihre Paraden abzuhalten pflegten und der Sultan mit seinem Gefolge Polo spielte. Die Moschee liegt innerhalb einer schützenden Mauer, Ziyada genannt, eine Seltenheit bei frühen Moscheen. Von da führt ein Durchgang in den großen, von Pfeilerreihen umstandenen Innenhof, dessen Fläche 90 × 90 Meter im Geviert beträgt. Pfeiler mit eingebundenen Halbsäulen tragen die Spitzbögen der Arkaden, die an der Mekka zugewandten Seite, der Qibla, fünfschiffig, an den übrigen Seiten zweischiffig sind. Spitzbogige Öffnungen oberhalb der Pfeiler dienen zur Entlastung und vermitteln den Eindruck von Leichtigkeit und Höhe. 879 erbaut, gehört die Ibn Tulun-Moschee zu den ersten Bauwerken mit Spitzbogen, der damit etwa zweihundert Jahre früher anzusetzen ist als der gotische Bogen im Abendland. Der Erbauer stammte aus Samarra. Ziegeltechnik und Stuckdekor erinnern an Mesopotamien ebenso wie das ansehnliche Minarett (aus späterer Zeit), das möglicherweise auf die alte Zikkurat-Form zurückgeht. Wenig Architekturschmuck außer einer Ranke mit stilisierten Blüten um die Bögen und einer Kufi-Inschrift in der (ursprünglich) hölzernen Decke aus Dattelpalmbalken, die mit Sykomorenholz verschalt waren, sind Kennzeichen der Ibn Tulun. Mit diesen wenigen einfachen Bauelementen erzielt die vielleicht schönste der frühen erhaltenen Hofmoscheen den Eindruck vollkommener Rhythmisierung und harmonischer Proportionen. Wie häufig bei vollendeten

Bauwerken liegt ein Hauch des Unerklärlichen über dem Ganzen.

Eine vergleichbare Wirkung hat die Medrese des Sultan Hassan. So wie sich die Ibn Tulun zu weniger geglückten Exemplaren der Hofmoschee verhält, so auch die Sultan-Hassan zu anderen Medresen. Obwohl verhältnismäßig spät begonnen, nämlich erst 1356, als die Dekadenz sich bereits ankündigte, liegen ihre Vorzüge noch rein im Architektonischen, nicht im Dekorativen. Die schlichte Fassade der Medrese, die unmittelbar aufragt, wird von einem mächtigen Gesims und einem riesigen Hauptportal in einer Nische mit Stalaktitenwölbung entlastet. Innen führt ein überwölbtes Vestibül in einen schmalen Gang, der sich nach einer Biegung im rechten Winkel plötzlich in den Hof der Moschee öffnet. Dort steigen beherrschend die Bögen der vier Iwane auf. Der Ibn Tulun gleich, ist der Zierat auf ein Mindestmaß beschränkt, die glatten Mauern streben himmelwärts.

Fünfhundert Jahre trennen Ibn Tulun und Sultan Hassan voneinander, aber Vergleichbares weisen auch viele Bauten der dazwischenliegenden Jahrhunderte auf, vor allem die der Fatimiden und der frühen oder bahritischen Mamluken. Wie bereits ausgeführt, eroberten die nicht orthodoxen, ungewöhnlich begabten Fatimiden ein Jahrhundert nach dem Bau der Ibn Tulun Ägypten und gründeten ihr neues Residenzviertel al-Kahira. An einer alten Karawanenroute gelegen, verbindet die ehemalige Prachtstraße al-Kasaba (obwohl heute viel enger als damals) noch immer das Bab Zuwayla mit dem Bab al-Futuh. Mit ihren hohen Bögen und Türmen hätten diese mächtigen Eingänge aus dem Ende des 11. Jahrhunderts sicher eindrucksvolle Tore zu jeder mittelalterlichen Stadt abgegeben. Noch vor der Zeit künstlerischer Einflußnahme der Kreuzfahrer entstanden, sind sie von Byzanz inspiriert. Die Kasaba war jahrhundertelang die Hauptverkehrsader Kairos und wurde daher natürlich wiederholt mit prächtigen Bauten ausgestattet. Die Paläste und Lustbauten der Fatimiden sind zwar verschwunden, aber neben ihren frühen arkadengeschmückten Moscheen – Salih Talayi, al-Akmar und der düsteren Ruine der al-Hakim – wuchsen im 13. und 14. Jahrhundert die Medresen und Kuppelgräber der großen Mamluken – Qalaun, an-Nasir und Barquq – empor. Nirgends ersteht der Glanz des mittelalterlichen Kairo wahrer als in dieser historischen Straße.

Von der Straße aus ein wenig nach Osten liegt der früheste Fatimidenbau, die Universitätsmoschee al-Azhar, im Jahre 970 gegründet. Ursprünglich als Zentrum zur Verbreitung der schiitischen Häresie der Fatimiden gedacht, wurde sie 1171 der Mittelpunkt orthodoxer islamischer Glaubenslehre und Weisheit. Ihr Zweck und ihr Lehrplan haben sich in acht Jahrhunderten kaum verändert. Nur einer islamischen Gesellschaft konnte es gelingen, den Lauf der Zeit aufzuhalten und gleichzeitig der Wißbegier des Menschen zu dienen, die eine Welt in der anderen zu bewahren. In diesem seltsamen

Seminar, halb Universität, halb Kirche, haben sich Tausende von Moslems seit früher Jugend dem Auswendiglernen des Koran und der Diskussion der Kommentare zum Koran gewidmet. Zu Zeiten waren mehr als die Hälfte der Studenten Ausländer. Aus China, Indonesien, Turkistan und Marokko strebten die Rechtgläubigen, oft aus ärmlichen Verhältnissen, zur al-Azhar. Dort, wo sich bis gestern die Sonne um die Erde drehte, lasen sie die unveränderten Texte ihrer Vorgänger und lernten, um heilige und gelehrte Männer zu werden. Einige der Kurse dauerten ein halbes Leben, wenn man sie beenden wollte, aber angesichts des Ringens um den Besitz geistlicher Wahrheit wird die Zahl der Jahre bedeutungslos.

Im Jahre 1957 wurde die al-Azhar teilweise säkularisiert, Fakultäten für Technik, Philosophie, Medizin und Landwirtschaft an das traditionelle Studium der Theologie angeschlossen – möglicherweise kein sehr weiser Entschluß. Doch man trifft nach wie vor und zu jeder Stunde auf dem Pflaster unter den Bogengängen Schüler und Studenten, die einzeln oder in Gruppen mit gekreuzten Beinen auf dem Boden hocken und den Koran rezitieren, die Schuhe ordentlich neben sich gestellt. Da sie rein mechanisch auswendig lernen, wiegen sie sich rhythmisch vor und zurück. Einige mögen seit dem Morgengrauen dort sitzen, sind wahrscheinlich gleich nach dem Frühgebet an ihre Bücher gegangen. Obwohl die meisten von ihnen arm sind, leben sie unter erträglichen Bedingungen. Die al-Azhar vertritt den an sich demokratischen Geist des Islam nach dem Grundsatz: »Alle Gläubigen sind Brüder«. Aus Stiftungen für die Universität erhalten die Studenten meist Schulgeldfreiheit, Kost und freies Logis. Die gleichen Quellen finanzieren auch Millionen kostenloser Brotfladen – im Jahre 1929 wurden einmal 20 Millionen an die Studenten verteilt, und der Rektor der Universität erhielt allein 1000 pro Tag zusätzlich zu seinem Gehalt.

Obwohl die al-Azhar zahlreichen baulichen Veränderungen unterworfen war, atmet die Einfachheit der Bogengänge aus dem 12. Jahrhundert, wo die Studenten in Gruppen um ihre Lehrer versammelt sind, noch immer den Geist der Askese. Die Schatten der Säulen fallen auf angestrengt grübelnde Gesichter, der leise Singsang der hundert Passagen aus dem Koran vereinigt sich zu einem Ton, das rhythmische Schwingen hört niemals auf. Im offenen, sonnendurchfluteten Hof wandern Gestalten umher und irgendwo, still und selbstverloren, verneigen sich einige gen Mekka. Für diese Studenten sind Theologie, Wissen und Religion eins. Da gibt es alte Männer, deren Jahre abgelaufen sind und deren Haut faltig geworden ist im Streben nach tiefgründigem Wissen. Der Kommentar zu einem Kommentar über einen bestimmten Glaubenssatz hat ihr Leben ausgefüllt. Ein Sommer mag darüber hingegangen sein, als sie die Stärke des Seiles berechneten, über das der Rechtgläubige nach dem Tode gehen muß, um in den Himmel zu kommen. Hier, wenn überhaupt, vor dieser Negation des Fleisches und der Hingabe an die Gelehrsamkeit, begreift man den Geist des Mittelalters. Was in diesen Höfen geschieht, nötigt Respekt ab.

Im Bereich der Fatimiden- und Tulunidenviertel haben sich auch einige wenige Beispiele der besten islamischen Profanarchitektur erhalten: Privathäuser, Bäder, Karawansereien, beginnend mit dem 14. Jahrhundert. Der Grundriß der Häuser wurde über die Zeiten hinweg kaum verändert. Nach außen hin sind sie schlicht, mit einem Blendeingang versehen, damit niemand von der Straße her ins Innere sehen konnte (ähnlich wie bei mittelalterlichen Burgen). Das häufig mehrstöckige Haus lagerte sich um einen offenen Innenhof mit einer Loggia an einer Seite und einem Springbrunnen, der im Sommer Kühle bringen sollte. Der Zurückgezogenheit des Familienlebens mußte die Anlage dienen. So befand sich der Salamlik, wo der Hausherr seine Besucher empfing, im Erdgeschoß, während der Harem, die Frauengemächer, abgelegener im Obergeschoß untergebracht waren. Zusätzliche Abschirmung boten die kastenförmigen Erker mit ihren schönen holzgeschnitzten Gittern, dem Holzschnitzwerk, sogenannten Muschrabijen, für die Kairo berühmt war. Sie ließen Licht und Luft herein, man konnte durch sie hindurch auf die Straße und den Hof hinausschauen, ohne neugierigen Blicken von außen ausgesetzt zu sein. Die Haupträume schmückten Wandverkleidungen aus verschiedenfarbigem Marmor, geschnitzte und bemalte Decken und der für den Islam so typische

Stalaktitendekor. Diwane und viele kleine Wandschränke ersetzten verrückbares Mobiliar. Einige dieser sehr schönen Häuser, von Verfall bedroht, sind im wesentlichen noch intakt; eines oder zwei, so das Bet al-Kreatlia neben der Ibn Tulun-Moschee, sind für Besucher geöffnet.

Jedes Privathaus, das auf sich hielt, besaß ein eigenes Hamam oder Bad. Daneben gab es aber auch zahlreiche öffentliche Bäder. Nach Makrizi, dem zuverlässigen Topographen der Stadt aus dem 15. Jahrhundert, existierten zu seiner Zeit nicht weniger als vierundvierzig Hamams. Eines der frühesten erhaltenen Bauwerke dieser Art dürfte das Hamam des Mamluken Moayyad aus dem 14. Jahrhundert sein neben der gleichnamigen Moschee. Diese Bäder, für Männer und Frauen getrennt, waren Treffpunkte des gesellschaftlichen Lebens und der Abwechslung. Es kam vor, daß ein paar Freundinnen so ein Bad für einen ganzen Tag mieteten, um sich dort mit ihren Sklaven und Sängerinnen zu vergnügen. Massage und Schönheitsoperationen gehörten zum Angebot, dessen man sich dort bedienen konnte, und das Hamam bedeutete für diese Damen Klub und Schönheitssalon zugleich[10].

Als Ziel großer Karawanen und Handelsplatz ausländischer Kaufleute mußte die Stadt natürlich mit vielen Karawansereien ausgestattet sein. Noch um die Mitte des 19. Jahrhunderts gab es nicht weniger als zweihundert. Diese ›Herbergen des Ostens‹ waren um einen offenen Hof gebaut und hielten Lagerräume für die Waren und Ställe für die Tiere bereit. Die Unterkünfte für die Reisenden lagen oben. Heute ihrem eigentlichen Zweck entfremdet und häufig stark verändert, sind dennoch Reste solcher Bauten im Fatimidenviertel erhalten. Neben der al-Azhar-Moschee zeigt die überreich geschmückte Fassade der Karawanserei des Qait Bay an, daß auf diese Anlagen viel Sorgfalt verwendet wurde, und die berühmtesten unter ihnen müssen wahre Prachtbauten gewesen sein.

Ruft das Fatimidenviertel die mittelalterliche Architektur der Stadt in Erinnerung, so überdies auch die spezielle Form des Handels, der sich in einigen Suks noch so abspielt wie zu der Zeit, da Saladin die Händler sich hier niederlassen hieß. Wie üblich auf den Märkten des Orients, wird auf jedem Suk oder Basar eine bestimmte Ware verkauft. Dieses Verfahren sichert, vorausgesetzt natürlich, zwischen Käufer und Verkäufer wird in aller Form gefeilscht, daß eine Preiskontrolle durch die Konkurrenz der Nachbarn gegeben ist. Sogar der Chan el-Chalili, der nur ein paar Schritte von der Kasaba entfernt liegt und vorwiegend Touristenbasar ist, hat seinen Reiz. Gute altägyptische Antiquitäten, koptische Stoffe, fatimidische Keramik und persische Miniaturen sind zwar auf dem Chan el-Chalili kaum mehr zu finden, aber die Handwerker, die dort sitzen und das Metall hämmern oder knifflige Einlegearbeiten fertigen, Dinge, die die Fremden anscheinend gern kaufen, beweisen noch immer das technische Können, welches das Handwerk im

Niltal stets auszeichnete. Echter dagegen ist das Viertel der Goldschmiede, wo auch einmal ein wohlhabender Fellache abwägend sein Geld in eine Goldmünze investiert, die nach alter Tradition der Kette seiner Frau hinzugefügt wird und die sie stets um den Hals trägt.

Als wirklich beeindruckend aber erweist sich der Attarin, wo die Gewürze verkauft werden. Dort wird man daran erinnert, daß jede kairoer Hausfrau mehr vom Würzen versteht als die meisten europäischen Köche. Die Gassen in diesem Viertel sind so eng, daß kaum zwei Menschen nebeneinander gehen können. Über die Waren ist der Sonnenschutz vorgezogen, so daß man sich in einem Zwielicht wie unter Wasser bewegt. An beiden Seiten hoch aufgestapelt: Rosenblätter, Origano, Ingwer, Majoran, Zimt, Safran, Mastix und Gelbwurz, Wurzeln der Angelika und Krüge mit Anis, Kümmel, Kardamom und Sesam. Die Farben sind verblaßt und eingetrocknet, das Gewebe ausgedörrt. Ein schwitzender Junge zerreibt im Mörser irgendwelche bitteren Wurzeln zu feinem Staub. Hier gibt es alles, was die Sinne schärft oder den unguten Augenblick erleichtert, Düfte, die anregen, einen Trunk, der den Appetit anregt. Zu Puder zerrieben und ausgetrocknet, gibt es in Form von Wurzel, Stamm und Blatt fast alles, was einmal grün war. Ein starker, schwer bestimmbarer Geruch hängt über den Gäßchen. Inmitten all der toten Früchte und Blüten lassen sich einzelne Düfte kaum unterscheiden. Die Art der Waren, die hier ausgebreitet liegen, dürften sich seit dem 15. Jahrhundert kaum verändert haben. Gewürzstraßen, Karawanen und das aromatische Cargo der Levante Company steigen in der Phantasie auf.

Als Ägypten im 16. Jahrhundert auf den Stand einer Provinz des Osmanenreiches zurückgeworfen wurde, übernahm auch die kairoer Architektur den Geschmack Istanbuls. In einigen Fällen sind daraus prachtvolle Bauten geworden. Die barocken Brunnen aus dem 17. und 18. Jahrhundert sind schon genannt worden, und auch die späten stuckverzierten Rokokopaläste der Khediven haben Erwähnung gefunden. Das Auffälligste aber sind die Brunnen, die häufig mit einer Elementarschule (Kuttab) verbunden waren. Zwei oder drei haben sich in der Kasaba noch erhalten, verschwunden sind jedoch die meisten der aparten Etablissements, in denen die Paschas und Khediven wohnten. Der berühmte Gauhara oder Schmuckpalast auf der Zitadelle hat unter einem verheerenden Feuer gelitten. In Schubra aber steht noch ein bezaubernder Sommer-Pavillon, der an den dekadenten Flitter der Khedivenherrschaft erinnert. Die Vorstadt Schubra war einmal bevorzugter Aufenthalt der Großen und der ausländischen Handelsherren. Auf der schattigen Avenue, die dorthin führte, konnte man allabendlich blitzende Equipagen bewundern. In den siebziger Jahren des vorigen Jahrhunderts bildeten die Söhne der Khediven, jeder in einem Wagen, dem vier Ausrufer voranliefen, die Attraktion der Rotten Row des Orients. Diese Straße war

»... jeden Tag zwischen vier Uhr nachmittags und sechs Uhr vollgestopft ... elegante Attachés auf hochtrabenden Araberpferden ... jüdische Bankiers in extravaganten Phaetons, verschleierte Haremsdamen im Brougham, der in London gefertigt war, italienische Kaufleute in ausgefallen modischer Garderobe, gravitätische Scheichs auf herrlichen kairoer Eseln und Offiziere in betreßten Rökken ...«[11]. Diese Zeiten sind vorbei, die Avenue gibt es nicht mehr, der ausgedehnte Garten um das Lustschloß ist vernachlässigt und das Bauwerk weitgehend verfallen, aber das Ensemble ist ein letztes Erinnerungsstück an die Prunkliebe der Türken aus einer Zeit kurz bevor die tüchtigen britischen Beamten kamen, um das Zeitalter der Maschine einzuläuten.

Das glatte, rechteckige, einstöckige Äußere läßt nichts vom phantastischen Innern ahnen. Sobald sich allerdings die Tür öffnet, ist man überrascht und erstaunt: Die Maße sind riesig für ein solches Spielzeug. Eine Loggia aus weißem Marmor mit zierlichen Bögen umrahmt, was einst eine spiegelnde Wasserfläche war. In der Mitte umgrenzte eine Marmorbalustrade ein künstliches Inselchen, das auf grinsenden Krokodilen mit Wasserspielen ruhte, und jede Ecke der Loggia markiert ein offener Marmorkiosk von ungewöhnlicher Delikatesse. Die Art, in der sich das Loggiendach über die Kioske schwingt, ruft Entzücken hervor. Hinter jedem Kiosk befindet sich ein Raum mit bemalten Stuckverzierungen, heute zwar verstaubt, aber unverändert seit den Tagen, da die Khediven hier in diesem architektonischen Phantasiegebilde ihre Gäste unterhielten. Decken und Wände sind mit Fresken bedeckt, offenbar von reisenden italienischen Künstlern. Die Motive in vergoldeten oder stuckierten Rahmen sollten betont eklektizistisch sein: täuschend naturalistische Vorhänge rahmen Landschaften der Toskana, plumpe Nackte, Capriccios, Grotesken und an Pompeji Gemahnendes. In einem mit Vogelmotiven verzierten Raum reibt ein verdutztes Schneehuhn seine Federn an den Vögeln des Nils. Dies alles ist zwar keine Kunst und die Ausführung muß man als schlechthin naiv bezeichnen, aber diese Malereien beschwören mit fast schmerzhaft empfundener Nostalgie noch einmal das Vergnügen und den eitlen Luxus des Rokoko-Zeitalters herauf.

Heute wächst im halbvertrockneten Teich Schilf, schwarzweiße Königsfischer tauchen in das morastige Wasser hinab, Brachvögel nisten auf dem Dach der Loggia, und in der Dämmerung gleiten lautlos die Fledermäuse aus den Fensterhöhlen. Arabeske, Allegorie und Landschaftsidylle blättern von der Wand ab, die Marmorverkleidungen haben sich gelöst. Dennoch, zur reinen Kurzweil erbaut, gibt sich diese vergoldete und bemalte Laune, diese wie mit der Laubsäge gearbeitete Rahmung eines künstlichen Sees noch immer vornehm und selbstsicher. Leider wird dieses Kleinod, wenn es nicht bald restauriert und bewacht wird, nicht mehr lange stehen. Wie die Gesellschaft der Khedivenzeit, die Schubra einst belebte, ist es aus der Mode gekommen.

Auf Saladins Zitadelle, neben der unauffälligen Moschee des an-Nasir aus dem 14. Jahrhundert – ein spätes und ausgezeichnetes Beispiel der strengen Arkadenmoschee, wie sie die architektonischen Höhepunkte der Stadt sind – liegt breit hingestreckt das vertrauteste Wahrzeichen von Kairo, die reich ausgestattete Alabaster-Moschee des Mehemet Ali. An der Stelle eines Eyyubidenpalastes errichtet, in dem vor Zeiten der Heilige Franz von Assisi einmal vor Sultan el-Kamil, dem Neffen Saladins, gepredigt hat, ist sie in Anbetracht ihrer Erbauungszeit im zweiten Viertel des 19. Jahrhunderts ein ungewöhnlich kraftvolles Bauwerk. Um ihrer selbst willen, aber auch wegen des Ausblicks von der Terrasse lohnt sich der Besuch, vorzugsweise bei Sonnenuntergang. Aus der riesigen, kontrastreichen Stadt dringt ein Summen herauf. Die Gebäude scheinen zu pulsieren im Rhythmus des Lebens, das sie enthalten, und die Straßen wühlen sich durch die Häuser wie ein Kamm durch lebendige Masse. Jenseits der Kuppeln und Minaretts taucht die moderne Stadt auf, bleicher in der Farbe, dann weiter der Nil und hinter den Wolkenkratzern und Vorstädten bis zum Horizont das Grün des Fruchtlandes. Dort am Rande der Wüste lagern wie auf einem Podest die Pyramiden. In den Strahlen der sinkenden Sonne wird der Staub zu Gold und bedeckt wie ein Schleier die Stadt. Alles – Vergangenheit und Gegenwart, Nilschlammziegel und

Zement, tauchen wie durch diesen leichten Nebel hindurch, der sich zunehmend opak färbt. Sobald die Sonne in der Westwüste untergegangen ist, verschwindet der Schleier. In der heißen Jahreszeit vernimmt man dann ein Aufatmen der Stadt. Die Dämmerung senkt sich herab, Moscheen, Minaretts und turmhohe Hotels treten zurück, bald ist nicht einmal mehr der Nil auszumachen. Punkte und Linien von Licht durchziehen sprenkelnd und schneidend die brummende Dunkelheit, in der sich ein Häusergewirr mit sieben Millionen Menschen verbirgt. Der Statthalter Roms und die frühen Christen, Amr der Eroberer und die Kalifen aus dem Hause der Fatimiden, Mamluken und Paschas, die Stadt mit ihren Beamten, Ölleuten, Unternehmern, Geschäftsleuten, Touristen und Bettlern: sie alle teilen sich in den Geist des schlaflosen Sultans, der aufgetürmt lag vor einem Quecksilberbecken, von einem blauäugigen Löwen bewacht. Das ist sie fürwahr, die Stadt aus Tausendundeiner Nacht[12].

ZEHNTES KAPITEL

Sand und Klöster

Die ›andere‹ Landschaft Ägyptens ist die Wüste. Im Unterschied zum Fruchtland bietet sie Hügel und Täler, vom Wind ausgehöhlte Gräben und leere Wasserläufe. Auf der grobsandigen Ebene, flach wie ein Billardtisch, erheben sich die weißen Kurven der Dünen. Es ist eine Landschaft von strenger strukturaler Schönheit, in der weder der Mantel der Vegetation noch Konstruktionen von Menschenhand den geologischen Rhythmus stören; der Bau der Fels- und Gesteinsschichten, die einfachen Linien der Hügelkämme treten klar und präzise hervor. Nichts ist hier zu spüren von der wuchernden Anmaßung, die das Wachstum manchmal hat. Das spärliche Grün bezieht sein Lebensrecht aus der Trockenheit, ist gering und selbstgenügsam, gedeiht zwischen Steinen, dornig und abstrakt. Diese gleichsam bis auf den Knochen reduzierte Landschaft verändert sich stärker als andere durch den Wechsel des Lichts. Vom Erwachen des Tages bis zum Mittag wechseln die Farben von einem schattigen Grau über Rosé und Ocker bis zum blendenden Weiß, um das Spektrum bis zur Tagesneige in umgekehrter Folge zu wiederholen. Sofern nicht erstickende Sandstürme aus dem Süden heraufkommen, ist die trockene Luft frisch und belebend. Tagsüber brennt die Sonne unbarmherzig hernieder, die Nächte sind bitter kalt. Einzig der Wind bringt Geräusche hervor.

Ägypten besteht zu mehr als 95 Prozent aus Wüste, wobei West- und Ostwüste grundsätzliche Unterschiede aufweisen. Bis zur südlichen Grenze, einer Linie, die von den Politikern schnurgerade durch die leere Sahara gezogen wurde, bietet die Westwüste wenig Abwechslung, abgesehen von einer Reihe von Oasen von Siwa mit dem verfallenen Tempel des Jupiter-Ammon im Norden bis nach el-Charga im Süden. Sie liegen unterhalb des Spiegels der Meeresoberfläche und werden aus Quellen gespeist, die auf mysteriöse Weise mit den weit entfernten Sümpfen im Sudan in Verbindung stehen. Die im Winde sich wiegenden Kronen der Palmen, die über den Rändern der grünen Senken sichtbar werden, deuten Dörfer und Dattelpalmenhaine an, sind Zeichen einer abgelegenen, aber florierenden Wirtschaft. Obwohl über dreihundert Kilometer vom Fruchtland entfernt, manche sogar jenseits der hohen Dünen des Großen Sandmeeres gelegen, ernähren diese Oasen fast die gesamte Bevölkerung der Westwüste, schätzungsweise hundertfünfzigtausend Menschen. Farafra zum Beispiel ist nur ein Stecknadelkopf auf der Landkarte, wohingegen die größte, el-Charga, mit Gouverneurssitz und Eisenbahnverbindung ausgestattet, sich über hundertfünfzig Kilometer in der Länge erstreckt.

Anders die flächenmäßig kleinere Ostwüste: zwischen dem Nil und dem Roten Meer bildet sie ein Gewirr von Bergen mit Höhen bis über zweitausend Metern. Hier gibt es keine Sanddünen oder Oasen, sondern ausgewaschene Wadis und Schluchten aus Hartgestein und Schiefer, entstanden durch Regen, der hier vor Zehntausenden von Jahren gefallen ist. Dazwischen finden sich weit verstreute Brunnen, die kaum noch ein paar Nomaden eine Möglichkeit zur Existenz bieten. In diesen Gebirgszügen, wo es immer noch Steinböcke gibt und vielerei Arten der Wüstenfauna, haben Tiere der Grassteppe, die der Austrocknungsperiode voranging, eine letzte Zuflucht gefunden. Die Strauße, die Tutanchamun jagte und die 102 Löwen, die Amenophis III. im Neuen Reich angeblich eigenhändig erlegt hat, stammten wohl zum größten Teil aus der Ostwüste. Dort, wo die rauhen Bergkämme schließlich zum Roten Meer abfallen und ab und zu eine Handvoll Palmen die Küste säumen, bestehen noch Siedlungen, die zum Teil in die dynastische und ptolemäische Epoche zurückreichen. Die Bewohner, heute etwa fünfzigtausend, waren seit undenklichen Zeiten Seeleute oder sind jenseits der Korallenriffe dem Fischfang nachgegangen.

Früher kam es häufiger vor, daß Touristen mit dem Kamel hinausritten und westlich der Pyramiden eine Nacht in der Wüste verbrachten. Aber bis vor kurzem konnte die Wüste zu beiden Seiten des Nil nur der Reisende wirklich kennen lernen, der eine ganze Saison in Ägypten blieb. Mit Führern drang er in tagelangen Kamelritten zu den westlichen Oasen oder zum Roten Meer vor. Doch bald nach 1920 hielt der erste knatternde Motor hier Einzug, und von da an stießen motorisierte Forscher und Abenteurer in Gebiete vor, die bis dahin das Reich der Beduinen und der Kamele gewesen waren. Das Auto, beweglicher und schneller als Karawanen, braucht keine Brunnen. Nirgends verzeichnete Sandseen wurden entdeckt und überwunden, Oasen erreicht und auf der Landkarte eingetragen, die seit den Patrouillen des römischen Kamelreiterkorps niemand mehr gesehen hatte. Im Zweiten Weltkrieg wurde die Westwüste zum Schlachtfeld des deutschen und englischen Afrikakorps, auf dem die Panzer ihre Furchen zogen. Maschinen haben den weitläufigen Raum erobert, und heute kann wirklich ein ›Jedermann‹ die Wüste bereisen. Ägyptens ›andere‹ Landschaft ist zugänglich geworden. Ein beachtlicher Fortschritt, der jedoch auch traurig stimmt.

Der Beduine, der mit seinen Kamelen von Lagerplatz zu Lagerplatz zieht, am Tage durch Sand und Sonne trottet, nachts friert, ein Leben führt, wie es nur wenige ertragen würden, erblickt ein Staubwölkchen am Horizont und hält mit seinen Tieren an. Die Staubwolke kommt näher. Neben dem eigenen Schatten herhüpfend, wird schließlich ein Auto erkennbar; ohne Zögern gleitet es in ein Wadi, kommt mit unmenschlicher Perfektion im gleichen Tempo wieder heraus; jetzt ist es nahe.

37 *Im Kloster des hl. Antonius in der Ostwüste*

38 *Die islamische Nekropole von Minia* →

Der Beduine blinzelt in die Sonne, sieht Leute mit Sonnenbrillen und entspannten, wohlgenährten Gesichtern. Kaum haben sie seiner erstarrten Gestalt zugewinkt, verschwindet er selbst, noch immer bewegungslos, in einer neuen Wolke von Staub. Während sich das Brummen des Motors entfernt und wieder Stille einkehrt, steht er noch immer verständnislos und in unbestimmter Ablehnung verharrend, bis er mit einem plötzlichen Ruck den Kopf seines Leitkamels hochreißt und die Karawane allmählich wieder in den langsamen wiegenden Gang fällt.

Für den Reisenden im Auto, der unter den Auswirkungen der Überzivilisation leidet, ist die Wüste ein romantischer Zufluchtsort. Ihre geringer gewordenen Hindernisse zu überwinden, gibt ihm das Gefühl gesteigerten Lebens, wie es manchen beim Segeln oder beim Bergsteigen überkommt. Allgemeine Überzeugung derer, die eine Wüstentour unternehmen, ist die Ansicht, daß die eigene Existenz dreihundert Kilometer vom Wasser entfernt, mit einer Büchse auf dem Vordersitz und dem Schlangenserum in der Tasche ›wirklicher‹ sei. Vielleicht haben sie Recht. Darüber hinaus aber vermittelt die Wüste ein unbestimmtes Gefühl, jederzeit etwas entdecken zu können. Dabei handelt es sich nicht um die atemlose Spannung, die den Forscher treibt, der einer Situation zu begegnen hofft, die Jahrhunderte auf ihn gewartet hat. Erfahrungen dieser Art dürften in der alten, kamelbegangenen Sandwüste selten geworden sein; irgend-

39 *Blick über den Amr-Friedhof auf die Kuppeln der Moscheen von Alt-Kairo*

jemand ist sicher irgendwann einmal dem Autofahrer zuvorgekommen. Aber gerade dies schafft die Möglichkeit eines anderen Entdeckungsgefühls. Die Wüste tötet zwar, aber sie vernichtet nicht. Ihre regenlose Weite hebt mit peinlichster Sorgfalt die Andenken an alle Besucher auf. In diesem unberührten Museum liegt die Hinterlassenschaft der Vergangenheit: eine napoleonische Muskete vielleicht, oder eine verschüttete Karawane, von einer Düne wieder freigegeben, die ihre Lage gewechselt hat; oder auch die große Überraschung, das unvermutete Außerordentliche, das die Zeit einmal ans Licht bringen mag, wie zum Beispiel Kambyses' Armee, die auf dem Marsch nach el-Charga verloren ging. Im Sand löscht die Zeit kaum etwas aus, und ihr Lauf ist schwer zu enträtseln. Das Steinmal auf dem Hügel mag gestern oder vor Jahrhunderten aufgerichtet worden sein. Westlich von Qena, ein paar Kilometer abseits der Karawanenroute, liegt ein menschliches Skelett im Schatten eines verkümmerten Dornenbaumes, dem einzigen in einer kahlen Landschaft. Neben ihm ragt eine halb im Sande versunkene Korbflasche hervor. Nichts deutet an, wann der Mann gestorben ist, ob verdurstet oder durch Gewalt umgekommen. Die Zeit liefert keinen Schlüssel dazu, sie verhindert lediglich die Zerstörung. Auf der dem Winde zugekehrten Seite schmiegt sich Sand an die Knochen. Nur ein Augenblick bleibt dem Fahrer zum Staunen. Er muß sein Vorhaben retten und auf den Weg achten. Zeit ist hier Wasser, und davon hat er nur ein paar Liter dabei. Geschichten über Alleingänge in der Wüste, über Achsenbrüche oder Lecks im Benzintank gibt es viele. Meist kam die Hilfe zu spät, und die Menschen verdursteten. Der Fahrer kann es sich daher nicht leisten, über die Skelette anderer nachzudenken. Der ungenaue Kompaß führt nicht in ein kleines Drei-Sterne-Restaurant oder in ein Hotel mit berühmtem Ausblick. Aber nach einem langen Wüstentag ist jegliches Ziel willkommener als alle jene, die man am Ende einer Straße erreichen kann. Die Notwendigkeit, einen genauen Zeitplan einzuhalten, exakt zu navigieren, wirkt anregend.

Sollte es dem Reisenden gelingen, eine gewisse Vertrautheit mit Teilen dieser starken und wahrhaftigen Landschaft herzustellen, so entzieht sie sich ihm doch in ihrer Ganzheit. Westlich der Pyramiden reicht die Wüste fast 5000 Kilometer weit – für uns kaum vorstellbar. Worte wie unermeßlich oder unbegrenzt sagen da wenig aus. Seltsam, daß es den Fremden oft treibt, abends das Lager und die eng aneinandergerückten Wagen zu verlassen und außer Sicht- und Hörweite in die bedrückende Stille hinauszuwandern, die so greifbar ist, daß sie ihn am Ärmel zu packen scheint. Wenn er aufhören könnte zu atmen, seine pochenden Adern beruhigen und intensiv genug lauschen könnte, würde sich vielleicht etwas in seinem Leben verändern, ruhiger werden. Vergebens. Mit einer verschwommenen Vorstellung von Einsamkeit wendet er seine Schritte zurück. Um das Lager herum wirkt die Wüste vertraut und menschlich.

Die Vorgänger des Motorisierten, die in die Geschichte zurückreichenden Bewohner der Wüste sind von zweierlei Art: der seßhafte Mönch und der umherziehende Beduine. In Herkommen, Religion und Lebensweise grundsätzlich verschieden, ergänzt der eine den anderen.

Im 3. Jahrhundert aus einem starken Impuls zur Askese erwachsen, nehmen die koptischen Klöster in der Wüste eine einzigartige Stellung in der Geschichte des Christentums ein. Die Anachoreten, die sich zu ihrer Gründung zusammenschlossen, setzten eine Bewegung in Gang, welche die Mönchsorden im westlichen Europa entscheidend beeinflussen sollte. Die Konzeption des Mönchstums war Ägyptens einmaliger Beitrag zur Kultur des Mittelalters. Zweifellos war die Askese eine natürliche Reaktion der Christen auf die extreme Lustbetontheit des späten griechisch-römischen Alexandria und anderer Deltastädte. Die dualistische Betrachtungsweise der Dinge, die in enger Beziehung zur Askese steht, war Ägypten seit alters vertraut; überdies kannte man frühere asketische Gemeinschaften am Nil und in Palästina[13]. Die Verfolgungen unter Decius im Jahre 250 gaben den letzten Ausschlag für die Entscheidung einiger Männer, Sicherheit und Erfüllung in der Wüste zu suchen. Viele der ersten Anachoreten waren einfache Bauern, die, wie die Fellachen heute noch, glaubten, die Wüste sei von Dämonen bewohnt. Der Weggang aus dem fruchtbaren Niltal war daher nicht einfach ein Rückzug aus dem Kampf, vielmehr trug der Einsiedler das Kreuz in feindliches Gebiet.

Das Fieber der Anachoreten war ansteckend und verbreitete sich schnell. Bald erhielten sie Unterstützung durch den Namen einer starken Persönlichkeit: der heilige Antonius, dessen ›Versuchungen‹ ein häufig wiederkehrendes Thema der europäischen Malerei werden sollten, zog sich im Jahre 285 in die Wüste zurück. Nach anfänglichem Zögern billigte auch die Kirche die Bewegung, und im 4. Jahrhundert gab es bereits formelle mönchische Gemeinschaften, die nach einer Regel lebten und Eigentum besitzen durften. Nicht lange danach gab es schon fünftausend Mönche in der Wüste westlich vom Delta. Vom Ende des 4. Jahrhunderts berichtet ein Chronist: »Quanti populi habentur in urbibus, tantae pene habentur in desertis multitudines monachorum.« Ostwärts griff die Mönchsbewegung mit dem hl. Basilius nach Kleinasien über, und der Eiferer Athanasius, Bischof von Alexandrien, festigte ihr Ansehen in Rom. Mit Martin von Tours gelangte sie über die Alpen und nach kurzer Zeit erreichte sie auch die Britischen Inseln. Zweitausend Mönche legten in Bangor in Nordirland das Gelübde ab, und im Jahre 563 ging der hl. Kolumban d. Ä. mit zwölf Gefährten auf der Insel Iona an Land. Weiter hätte der Einfluß Ägyptens gar nicht reichen können. Das Leben der Mönche in der Wüste, voll reiner Hingabe, gestaltete sich außerordentlich hart. In dieser Abgeschiedenheit gab es wenig Möglichkeiten zum Studium, noch Gelegenheit zu guten Werken. Daher wirkten die Mönchsregeln auch nicht so stark in die Gesellschaft hinein wie später die der großen Orden in Europa. Die Mönche kamen vor allem aus den einfachen, ungebildeten Schichten des Landes und waren darum ganz und gar unintellektuell. So sind wir auch weniger dem Verstand, als den Händen dieser Wüstenpatres verpflichtet: nach bester ägyptischer Tradition waren sie gewissenhafte Handwerker und genaue Kopisten. Wir verdanken ihnen viele der frühchristlichen Schriften, die sie getreulich abschrieben.

Die Mönchstradition erfuhr in Ägypten keine Unterbrechung. Einige Klöster, so das Weiße und das Rote Kloster in Sohag oder die weitläufige Ruine von St. Simeon bei Assuan liegen im Niltal, nahe dem Fluß. Am eindrucksvollsten ist die Tradition jedoch in den Wüstenklöstern erhalten: In St. Antonius und St. Paulus in der einsamen Gebirgslandschaft am Roten Meer, in den vier Klöstern im Wadi Natrun in der Westwüste und im Katharinenkloster auf dem Sinai. Vom Katharinenkloster, dessen erste prominente Beschützerin die Kaiserin Helena war, behaupten die Mönche, auch Mohammed höchstpersönlich habe ihnen bestimmte Privilegien zugestanden. Dieses Kloster hat wohl die größte Berühmtheit erlangt, ist aber für das ägyptische Mönchswesen insofern nicht charakteristisch, als die Mönche dort nach dem orthodoxen Ritus der byzantinischen Kirche und nicht nach dem koptischen leben.

Seitdem der Sinai wieder zu Ägypten gehört, ist das Kloster von dort wie auch von Israel aus erreichbar.

Keine Schwierigkeiten bereitet dagegen der Besuch der Klöster im Wadi Natrun, seit die Wüstenstraße Kairo und Alexandria miteinander verbindet. Sie gehören zweifellos zu den eindrucksvollsten Zeugnissen koptischen Mönchtums. Das Wadi liegt als flache Senke zwanzig Meter unter dem Meeresspiegel und enthält noch eine Reihe brackiger Seen. Das Natronsalz, das sich dort bildet, wurde einst zum Mumifizieren verwendet. Die Klosterkomplexe ragen aus der Senke heraus und ihre hohen weißen Umfassungsmauern, die noch höhere Gebäude umschließen, wirken von außen wie Festungen. Sicherheit war hier lebenswichtig, bis vor kurzem wurden Besucher in Körben zur Brustwehr des Tores hinaufgezogen. Innerhalb der Mauern stehen Kirchen – in einem Falle bis ins 7. Jahrhundert zurückreichend – einfache Refektorien mit langen Tischen aus ungebranntem Ton, Gänge mit Zellen. Es gibt dort Bäume und schattige Gärten, die in dieser Umgebung Verwunderung erregen; und nicht zuletzt die Süßwasserbrunnen, die dieses Leben überhaupt erst ermöglichen.

Man sagt, im Wadi Natrun habe bereits im Jahre 320 Pachom auf Grund einer Vision eine Einsiedelei gegründet; vermutlich wurden hier von ihm die ersten Mönchsregeln erdacht und das erste christliche Kloster errichtet. Die Kontinuität ist so außergewöhnlich, daß kein Ägyptenreisender es versäumen sollte, diese seltsamen Zeugnisse des Überlebens aufzusuchen. Vor allem sollte dies bald geschehen: Deïr Abu Makar (Makariuskloster), nunmehr von Zement umgeben, hat schon die alten Mauern verloren, und weitere architektonische Veränderungen entstellen in zunehmendem Maße diese Anlagen, die mehr als ein Jahrtausend lang fast unverändert geblieben waren. Deïr al-Baramus (Baramuskloster), das abgelegenste der vier Klöster, ist noch am ursprünglichsten erhalten.

Jahrhundertelang beeinflußte das Vorbild der strengen Mönche, die in dieser Wüste ein dem Guten geweihtes Leben führten, die Moral der christlichen Welt. Schwarzgekleidete Mönche, die ihre Gebete verrichten und Gärten anlegen, gibt es hier noch immer. In direkter Linie stammen sie von den Heiligen der ersten Stunde aus dem Fellachenstande ab und bieten daher in alter Weise ihre einfache Gastfreundschaft an, so wie sie es seit eh und je getan haben. Obwohl wenige dieser Mönche über größere Kenntnisse verfügen, leben sie in der festen Überzeugung, daß in der Stille der Wüste ein reicheres Leben möglich sei als in der lärmenden, Platzangst erzeugenden Enge der Städte, oder in der vom Gedanken des Nutzens geprägten Landschaft des Niltals.

Diese Überzeugung teilen wohl auch die Beduinen, sollten sie je darüber nachgedacht haben. Ihre Einbindung in die Sandwüste und den Rhythmus nomadischen Lebens ist so stark, daß – so sagt man – eine lange Gefängisstrafe für sie gleichbedeutend

40 *Kairo, Blick auf die Zitadelle mit der Alabastermoschee*

41 *In einer Moschee*

42 *Kairo, Darb Labanah (Milchgäßchen). Blick auf alte Holzerker mit Muschrabijen und die el-Akwa-Moschee*

43 *Kairo, Portal eines Wohnhauses aus dem 17. Jahrhundert in der Scharia Ibn Tulun*

44 *Coca-Cola-Stand →*

45 *Die Straßenbahn →*

كوكا كولا
Coca-Cola

جراحة الفم
عيادة لطب وجراحة الأسنان
دائماً في خدمة الشعب دائماً
الأسعار
٥٠ علاج اللثة
١٥ خلع
٥٠ حشو الضرس
٥٠ تركيب سنة صناعية
٦٥٠ تركيب
العمليات الخصوصية يتفق عليها

mit der Todesstrafe sein soll. Freiheit der Bewegung ist für sie von existentieller Bedeutung. An das einfache Leben sind sie seit undenklichen Zeiten gewöhnt, so daß es schon ein Teil ihrer Natur geworden ist. Wenige Völker sind so mit der Aura des Romantischen umgeben worden wie die Beduinen, weil diejenigen, die mit ihnen in Berührung kamen, von den Maßstäben und Vorurteilen des Europäers bestimmt waren. Der Kamelreiter, den der Fremde bei Sonnenuntergang trifft, mit Hakennase und durchdringendem Blick, die verzierte Dolchscheide im Gürtel, erfüllt mit allen Assoziationen, die ein Burnus auslöst, ist tatsächlich eine imponierende und malerische Gestalt. Wenn er dann in seinem Zelt aus schwarzem Ziegenhaar, zwei Tagesritte von der nächsten Wasserstelle entfernt, großzügig dem unbekannten Fremden Kaffee serviert, verstärken Anmut und Gastfreundschaft diesen Eindruck noch erheblich. Seine Fähigkeit, Unbilden zu ertragen und seine Hingabe an die Wüste bewegen den Fremden zutiefst. Aber für den Beduinen ist die Wüste nicht dasselbe wie für die anderen, für ihn hat sie keine romantischen Obertöne. Für ihn ist sie einfach der Bereich, in dem er ein unzulängliches Dasein fristet, in Fehden mit fremden und Streitigkeiten mit dem eigenen Stamm. Im Kampf ums bessere Leben ist er überlistet worden, man hat ihm nur einen mageren Brocken übrig gelassen. Nur ein unüberwindlicher Stolz und der Glaube, daß er und sein Stamm das Salz der Erde seien, versöhnen ihn mit dem Schicksal.

46 *Nächtlicher Obstkauf*

Dort, wo kein Öl gefunden worden ist, hat sich der Beduine ebensowenig verändert wie seine Umwelt; seine Entwicklung hat vor Zeiten ihren Abschluß gefunden, den Regengüssen gleich, die vor langem die Felsriffe ausgewaschen haben. In der Ostwüste führen nur wenige Brunnen das ganze Jahr über Wasser, so daß die Weidemöglichkeiten gering sind in der Tiefe der Wadis. Etwa sechstausend wirkliche Nomaden leben dort noch unter schwierigen Bedingungen. In der Westwüste ist ihre Zahl noch kleiner, denn die meisten haben sich in den Oasen niedergelassen und, bestimmte Jahreszeiten ausgenommen, ihr Wanderleben aufgegeben.

Der frühere Status der Beduinen läßt sich mit dem heutigen freilich nicht vergleichen: Als Meister in der Kenntnis der Winde und des Sandes waren sie unentbehrlich für den lukrativen Karawanenhandel. Sie genossen den Ruf von Experten, und boten in gleicher Weise Schutz und navigatorische Geschicklichkeit für den Transport der Handelsware durch die Wüste. Wenngleich nicht ganz ohne Risiko, barg dieser Handel doch große Möglichkeiten, Reichtum zu erwerben, man konnte ein Vermögen damit machen. Als im vierten vorchristlichen Jahrhundert das Kamel als Lasttier in Ägypten eingeführt wurde, hatte diese Form des Transports schon so große Bedeutung, daß die Ptolemäer oft gezwungen waren, Kriege zu führen, um die Kontrolle über die Kamelrouten zu behalten. Die Sicherheit der Pax Romana hatte wenig später ein Aufblühen der Karawanenstädte zur Folge, florierende Rast- und Stapelplätze in der Wüste wie zum Beispiel Petra oder Palmyra. Noch das mittelalterliche Kairo bezog einen großen Teil seines Reichtums aus den Steuern des Handels, den die Kameltransporte abwarfen. Doch die überhöhten Eintreibungen der Mamluken im 15. Jahrhundert ließen die Preise für Gewürze auf das Fünffache dessen hinaufschnellen, was in Kalkutta für diese Ware bezahlt wurde. So begannen die Portugiesen nach einer Route um das Kap nach Indien zu suchen und eröffneten den Seehandel.

Von Assiut am Nil brachen ein- oder zweimal im Jahr Karawanen mit bis zu zweitausend Kamelen in die Westwüste auf. Von ihrer ›Reise der vierzig Tage‹ (Darb el-arba'in) in die entfernte, heute zum Sudan gehörende Oase Darfur brachten sie Sklaven, Elfenbein und die exotischen Güter des Südens mit. Durch die Ostwüste, von Qena aus, wo die Verbindung zu den Häfen am Roten Meer am kürzesten ist, herrschte über einen langen Zeitraum hinweg ein fast ständiger Verkehr. Im 12. Jahrhundert heißt es bei Ibn Dschubair, dem Dichter und Privatsekretär des Gouverneurs von Granada, in seiner Beschreibung der Pilgerfahrt nach Mekka, daß auf diesem Wege vom Nil zum Roten Meer »das Kommen und Gehen der Kaufleute und Pilger die Wüste belebt und sicher macht«.

Die wichtigste Verkehrsverbindung für die Karawanen aus Ägypten war jedoch die verhältnismäßig kleine Sinaiwüste, die Brücke nach Vorderasien zwischen dem Golf von Suez und dem Golf von

Akaba. Von den Sinaibergen im Süden, die bis zu zweieinhalbtausend Meter hoch sind, hatten die Ägypter schon in ältester dynastischer Zeit Kenntnis. Sie bezeichneten sie aufgrund ihrer Mineralienvorkommen als Türkisterrassen. Die zerklüftete Gegend birgt malerische Wadis und kleine, anheimelnde Oasen, wo Wasser, Palmen und ein paar Tamarisken Schatten und Leben spenden. Die Zweige der Bäume sind voller Vögel, Insekten aller Art huschen über kleine Teiche, hier läßt die Spannung der Wüste nach. Es ist das Gebiet des Gebel Musa, wo nach der Überlieferung Moses die Gesetzestafeln empfing und die Israeliten bei ihrem vierzigjährigen Aufenthalt in der Wüste wahrscheinlich Zuflucht fanden. Die beste Passage für die Karawanen bot das wellige Land des nördlichen Sinai zwischen Gebirge und Mittelmeer. Mit Ausnahme der Kreuzritterzeit, als der Isthmus von Suez zeitweise gesperrt war, diente dieser Streifen Jahrhundert um Jahrhundert als Straße des Handels, von kundigen Beduinen betreut. Die nördliche Route über el-Arisch an der Küste führte über Damaskus und Palmyra an den Euphrat. Noch 1873, vier Jahre nach der Eröffnung des Suezkanals, kamen 1358 kleinere und größere Karawanen durch el-Arisch.

Die südliche Route über die Sinaihalbinsel nach Akaba und Petra verschaffte Zugang zu Arabien. Es war der berühmte Darb el-Hagg, die Pilgerroute, Straße des Handels und des Glaubens. Hier zog alljährlich die Große Karawane eine endlose

Schlange aus Tieren, Menschen und Gütern, nach Mekka. Vom Sammelplatz nördlich von Kairo aus, wo oft fünfzigtausend Menschen, vorwiegend Pilger, zusammenströmten, reisten sie gewöhnlich in zwei Gruppen. Die eine aus Berbern und anderen Stämmen Westafrikas war bereits an der Küste Nordafrikas entlanggewandert. Die beiden Karawanen reisten im Abstand von einem Tag und wer nicht vorher aufgab, gelangte nach vierzig Tagen an sein Ziel. Mit der Karawane reisten zwei Gegenstände der höchsten Verehrung: der Heilige Teppich, der in Kairo als Decke für die Kaaba, den Heiligen Stein in Mekka, gewebt worden war und der Mahmal. Dabei handelte es sich um eine leere Sänfte als Zeichen der Königswürde, die an den Tragstuhl erinnerte, in dem Sultan Schagar el-Durr 1272 die beschwerliche Reise unternommen hatte. Dort, wo der Darb el-Hagg den Sinai überquert, bringt ein wenig Regen im Winter – wie an der libyschen Küste – eine spärliche, aber stark duftende Pflanzenwelt hervor. Im Frühling gibt es sogar eine kurze strahlende Zeit mit Blumen und mit Strandgänsen, die auf grobkörnigen Sanddünen nisten. In der baumlosen Weite zeichnen sich etwa ein Dutzend klar erkennbare Wege ab, nicht breiter als einen halben Meter, die alle nach Osten führen. Jeder einzelne von ihnen ist über die Jahrhunderte hinweg von den runden, ledernen Hufen der Kamele ausgetreten worden, die hier ihren behutsamen Weg durch die Wüste nahmen. Schwankend im wiegenden Gang passierten die Warenlager die bedeutendste Karawanenstraße des Mittelalters, marschierenden Armeen ähnelnd, von Beduinen geleitet, die so ihre geschichtliche Rolle erfüllten. Heute ziehen hier nur noch wenige Kamele, die verlassenen Wege tragen weder Pilger noch Gewürze, Gold, Leopardenfelle oder Straußfedern. Der Suezkanal hat Ost und West einander so nahe gebracht, daß das Wort ›Schiff‹ fast gleichbedeutend wurde mit dem Ende dieser alten Verkehrswege.

Obwohl in den Wüsten Ägyptens noch immer einige Beduinen und Mönche leben, Überbleibsel der Vergangenheit, sind Handel und asketischer Eifer längst Geschichte geworden. Wolken von Staub hinter sich lassend, haben die Autofahrer, Neuankömmlinge einer anderen Zeit, den leeren Raum in Besitz genommen. Ein wenig traurig ist dies schon.

ELFTES KAPITEL

Das Volk und seine Herren

Als die Ägypter mit einem in der Geschichte der Menschheit einzigartigen Eklat im dritten Jahrtausend aus dem Zwielicht der Vorzeit auftauchten und Mathematik, Werkzeug, Organisation und alles, was eine hohe Kultur auszeichnet, fast könnte man sagen spontan erfanden, erbauten sie die Pyramiden. An der Großen Pyramide sollen während der Überschwemmungszeit ungefähr hunderttausend Mann zwanzig Jahre lang gearbeitet haben. Selbst wenn sie – wie Herodot schreibt – hauptsächlich mit Brot und Rettichen ernährt worden wären, hätte ein solcher Arbeitsaufwand auch eine höher entwickelte Wirtschaft als die des jungen Staates am Nil überstrapaziert. Das Land konnte sich im Grunde die Verausgabung einer solchen Energie, wie sie für diese Berge aus Stein notwendig waren, nicht leisten, es bezahlte mit Erschöpfung und dem Verfall seiner Kraft. Auf den Niedergang des Alten Reiches folgten fast zweihundert Jahre der Anarchie.

Im Mittleren Reich mit seiner halbfeudalen Staatsform hatten die Gouverneure und Unterbeamten des Pharao vielleicht engeren Kontakt mit

dem Volk, und die Regierung kümmerte sich offenbar mehr um das Allgemeinwohl des Landes als in allen anderen Epochen seiner langen Geschichte; doch Amenemhet und Sesostris gingen dahin.
Mit der Heraufkunft des Neuen Reiches wurde der Pharao zwar Gott gleicher, andererseits aber einem verantwortungsvollen Herrscher unähnlicher: Imperialismus und Theokratie verfolgten ihre eigenen Ziele zu Lasten des Volkes. So wiederholte sich die Geschichte des Baus der Pyramiden in Hunderten von Tempeln und das Beispiel des Cheops wurde von Dynastie zu Dynastie weitergegeben. Während hungernde Arbeiter drohten, die öffentlichen Kornspeicher zu stürmen, erhielt der omnipotente und verhätschelte Reichsgott Amun 205 000 Scheffel Korn für die Opfer an seinen jährlichen Festen. Zweitausend Arbeiter waren erwiesenermaßen drei Jahre lang damit beschäftigt, einen einzigen Steinblock von Assuan in die Deltahauptstadt Saïs zu transportieren. Unter der Perserherrschaft im 6. Jahrhundert bedurfte es der Arbeit einer ganzen Stadt, das Schuhwerk für die Gattin des Satrapen zu finanzieren.

Und so ging es weiter. Die schlimmsten Feinde des Landes waren häufig die eigenen Herren: Pharaonen, Militärgouverneure, Mamluken, Paschas, Khediven. Immer aufs Neue verschwendeten sie den Reichtum des Landes und die Arbeitskraft des Volkes. Als ein Pharao der 26. Dynastie den Kanal anlegte, der den Nil mit dem Roten Meer verband, sollen 120000 Menschen ums Leben gekommen sein, auch beim Bau des Suezkanals wurden Tausende geopfert. In seiner hoffnungslosen Lage suchte das ägyptische Volk immer wieder vergeblich nach wirklichen Staatsführern. Es hing an dem Retter aus Libyen, Inaros, der von den Persern gekreuzigt wurde; es behauptete später verzweifelt, Alexander der Große sei Ägypter gewesen. Als in christlicher Zeit koptische Patriarchen das Volk tatsächlich vertraten, war es bereit, selbst dem Kaiser von Byzanz Trotz zu bieten.

Hin und wieder bescherten ihm ein intelligenter Ptolemäer, ein gnädiger römischer Prokonsul oder ein schlauer Kalif kurze Intervalle kluger Staatslenkung; aber Griechen, Römer und Araber gingen vorüber, während namentlich auf dem Lande alle Erwartungen an die emsige Arbeit, das fruchtbare Wasser und den noch fruchtbareren Boden in Enttäuschung endeten. Zum Schluß kam der bitterste Kelch: Um das Maß voll zu machen, brach 1517 die Herrschaft der Osmanen über das Land herein. Bis zur Ankunft Napoleons dreihundert Jahre später war Ägypten nunmehr ständigem Niedergang ausgeliefert. Als Provinz des türkischen Großreiches hatte es nur noch eine Aufgabe: Einkünfte abzuwerfen. Doch je erbarmungsloser das Land ausgebeutet wurde, desto weniger gab es her. Die Kanäle verfielen, Bewässerung und Ernteerträge hingen immer mehr vom Zufall ab, die Bevölkerungszahl ging zurück; auch das Bildungsniveau sank ab. Während Ägypten fünfzig Jahre vor der Eroberung durch die Osmanen noch 155 Schulen allein in

Kairo besaß, waren es zu Beginn des 19. Jahrhunderts nur noch 15 im ganzen Lande!

Nach dem Abzug der Franzosen manövrierte, focht und mordete Mehemet Ali, der ›Gründer des modernen Ägypten‹, bis er im Besitz der ganzen Macht war. Trotz dieser zweifellos grausamen Methoden eine bedeutende Persönlichkeit und dem Land in vielfacher Hinsicht ein Wohltäter. Er stellte die Ordnung wieder her, reorganisierte die Wirtschaft und begann Reformen in der Landwirtschaft und im Schulwesen. Doch wenn er auch Ägypten dem direkten Zugriff des Sultans in Istanbul entzogen hatte, verkörperte er doch ein türkisches Regime und es waren Türken, die an der Macht blieben. Mehemet Ali, der Albaner war, sprach selbst kein Arabisch und die einzige Regierungsform, die für ihn Geltung besaß, war die der Hohen Pforte. Er unterschied sich von seinen Vorgängern lediglich dadurch, daß seine Regierungspraxis wirksamer und er selbst im modernen Sinne vorausschauender war. So kann man nur sagen, er ersetzte eine schlechte Osmanenherrschaft durch eine relativ gute. Die Armee, unter türkischen und syrischen Offizieren, wurde noch bis nach dem Ende des Ersten Weltkriegs nach türkischem Muster gedrillt. Vor der Herrschaft der Khediven in den achtziger Jahren des vorigen Jahrhunderts war der Aufstieg in die Gesellschaft nur einer Handvoll wirklicher Ägypter gelungen. Und dies, obwohl es stets einige wenige einflußreiche Familien gegeben hat, denen die Machtausübung in den Provinzen übertragen worden war und die als Vermittler zwischen den Herrschenden und dem Volk dienten. Die oberste Schicht dagegen wurde nach alter osmanischer Tradition mit ehemaligen Sklaven aufgefüllt. Noch 1855 waren der Gouverneur von Kairo, der Finanzminister, der Polizeiminister und Zulficar Pascha, eine der bedeutendsten Persönlichkeiten der Epoche, unmittelbar aus der Sklaverei in ihre Positionen aufgestiegen. Die Sitte, den Leibdiener in die öffentliche Verwaltung emporzuheben und die Abhängigkeit solcher Ämter von der Intrige und den Launen eines absolutistischen Despoten waren wenig förderlich für den Aufbau dessen, was Ägypten in dieser Zeit gebraucht hätte: eine wirklich verantwortungsbewußte Herrscherschicht. Auch gab es keine aufgeschlossene, unabhängige, aktive Mittelschicht, ein schwerwiegender Mangel, der im 20. Jahrhundert noch fühlbarer geworden ist. Die Fellachen auf dem Lande, die nach wie vor das Rückgrat des Landes bildeten, konnten sich begreiflicherweise in keiner Weise mit dem Staat identifizieren, den Mehemet Ali geschaffen hatte, sie mußten zum Beispiel die ständigen Zwangsaushebungen dieses Fremdherrschers völlig ablehnen. In ihrem althergebrachten, ans Mystische grenzenden Eigensinn ließen sie sich eher verstümmeln als den verhaßten Militärdienst abzuleisten. Aber der über alle Maßen gerissene Abbas I. bildete mit gleicher Hartnäckigkeit zwei Bataillone aus Leuten, denen entweder ein Auge oder der Finger für den Abzug am Gewehr fehlte.

Verständlicherweise richteten sich die Refrains der Fellachenlieder in dieser Zeit deutlich gegen die staatliche Autorität. In Duetten wie dem folgenden brachten sie ihre Gefühle zum Ausdruck:

A: Sie lassen uns hungern, sie lassen uns hungern
B: Sie schlagen uns, sie schlagen uns
A: Aber über allen ist einer, über allen ist einer
B: der gerecht sie bestrafen wird, der gerecht sie bestrafen wird.

Mehemet Ali hatte geglaubt, daß seine Familie schon zehn Jahre nach seinem Tode vom Thron gestürzt würde. Das war nicht der Fall, hierin hatten den alten Mann seine Ahnungen getrogen. Vielmehr begann nach seinem Tode 1849 ein Familienregiment, das manches von dem wieder verdarb, was er geschaffen hatte, so daß das Land in seiner Entwicklung wieder um mindestens fünfzig Jahre zurückgeworfen wurde. Teils lag das Schulwesen im argen, teils machte es abrupte und kuriose ›Fortschritte‹: Aus Mehemet Alis Sprachenschule wurde Shepheard's Hotel, und die Kellner des Mr. Shepheard lösten die Lehrer für Englisch, Französisch und orientalische Sprachen ab. Die Korruption blühte unter diesem kapriziösen Regime der Khediven, das den privaten Unternehmern nur geringe Möglichkeiten ließ. Ein Provinzgouverneur, der die Fellachen bei der Steuereintreibung barbarisch gequält hatte, erwiderte naiv, als ihm seine Vergehen vorgehalten wurden, daß er ohnehin seine Methoden aufgegeben habe, weil sie sich nicht mehr auszahlten. Die Beamten konnten kaum von der Tugend der Bescheidenheit überzeugt werden, da sie ständig das Luxusleben des Palastes vor Augen hatten. Der talentierte Regent und gute Soldat Ibrahim Pascha hatte einen so gargantuahaften Durst, daß er an heißen Tagen oft zwei Flaschen eisgekühlten Champagner in einem Zuge leerte. Sein schon erwähnter Nachfolger Abbas I. war ein Orgiast. Wie die Pharaonen, seine Vorgänger vor 3000 Jahren, hielt er sich Magier und Astrologen, die er häufig befragte. Der nächste in der Reihe, Said, galt als ein ›jovialer, humorvoller Charakter‹, von dem es heißt, er habe widerspenstige Beduinen von der Mündung seines Gewehrs einfach wegblasen lassen. Der Khedive Ismail hatte einen sympathischen Charakter, aber dadurch allein war er noch nicht begabter für die Kunst des Regierens. Seine sicherlich lobenswerten Pläne hinsichtlich des Erziehungswesens und sozialer Einrichtungen blieben ohne Erfolg, und noch vor seiner Abdankung 1879 hatten seine Extravaganzen das Land tief verschuldet. Es muß als besonders unglücklicher Umstand gelten, daß Ägypten zu dem Zeitpunkt, da es mit der technischen Zivilisation des 19. Jahrhunderts in Berührung kam, fünfzig Jahre lang unter einer unfähigen Regierung gelitten hatte.

Schon vor dem Abgang Ismails hatten Briten und Franzosen zum Schutze ihrer wirtschaftlichen Interessen und um den vollständigen Bankrott des Landes zu verhindern, die Kontrolle übernommen; bald danach kam die Besetzung durch die Briten.

Für den Fellachen wechselten einfach wieder einmal die fremden Herren. Gleich ihren Vorgängern hatten auch sie ihre ganz speziellen Gründe für die Vereinnahmung Ägyptens, und eine bessere Entschuldigung für ihre Anwesenheit fand sich auch für sie nicht. Einen wesentlichen Unterschied jedoch gab es immerhin: damit sich die britischen Investitionen in Ägypten lohnten, mußte ein gewisses Maß an Wohlstand erreicht werden. Ägypten benötigte dringend eine brauchbare Organisation der Verwaltung, ein funktionierendes Justizwesen und weniger Korruption, Dinge, die nun durchgesetzt wurden. Darum war die britische Besatzung bis zum Ersten Weltkrieg annehmbarer für die Fellachen als alle bisherigen Regierungen.

Doch wie auch immer, von größter Bedeutung war der Geist des Nationalismus, den sie provozierte. Man darf wohl behaupten, daß dies der wertvollste Beitrag war, den die britische Herrschaft leistete: Der Mann am Schaduf und der Mann hinter dem Pflug gerieten in Bewegung, ein ganzes Volk erwachte zu politischem Bewußtsein. Unter muslimischer Oberhoheit, unter Herrschern der gleichen Hautfarbe und des gleichen Glaubens, wäre das Nationalgefühl im einfachen Mann auf dem Feld und auf der Straße vielleicht nie in dieser Weise hervorgerufen worden; der osmanische Absolutismus unter Ausschluß der eigentlichen Ägypter vom öffentlichen Leben und den Ämtern hätte vielleicht noch Jahrzehnte fortbestanden. Als der Nationalismus erstarkte, war es unausbleiblich, daß eingeborene Ägypter in verantwortliche Stellungen gelangten. Der Fellache, obwohl noch immer Tragtier, das die Last des Landes aufgebürdet bekam, wurde schließlich doch noch integriert: Eine Nation entstand, wo es vorher nur eine Ansammlung von Menschen gegeben hatte.

Der Abzug der Briten lieferte Ägypten vorübergehend den Kapricen eines ungerechten und fehlgeleiteten Monarchen aus. 1952 ging auch er. Vielleicht wurde erst damals Mehemet Alis ›modernes Ägypten‹ mündig. Zum ersten Mal gab es eine gewisse Übereinstimmung in den Interessen von Herrschenden und Beherrschten. Eine neue Generation hat radikale Veränderungen im sozialen Bereich und im Bildungswesen, eine umfassende Landreform und ehrgeizige Bewässerungsprojekte erlebt. In wenig mehr als zwanzig Jahren ist viel erreicht worden.

Wenige Staatsführer sind mit so schweren Problemen konfrontiert worden wie Nasser und seine Nachfolger. Das Land leidet noch immer unter den Folgen des Krieges oder einer Art von Kriegszustand, der sich noch lange hinziehen dürfte. Dies erfordert Militärausgaben, die sich das Land im Grunde nicht leisten kann, die es aber auch nicht reduzieren darf. Gleichzeitig wächst die Bevölkerung in einem Tempo, das, wenn es sich nicht verlangsamt, zur Katastrophe führt. Das bevölkerungspolitische Problem ist das dringlichste und erschreckend ernst zugleich. Nicht zuletzt aber bedroht die materialistische Weltanschauung der westlichen Zivilisation, die in Ägypten begeistert aufgenommen wird, die islamische Gesellschaft. Dies zu einer Zeit, da diese Art des Denkens in Europa selbst zunehmend in Frage gestellt wird.

Dennoch besteht Grund zur Hoffnung: Ein unschätzbarer Fundus an Charakterfestigkeit und Vitalität steckt in diesem alten Volk. In einem Land, wo es nie, auch nicht in pharaonischer Zeit, ein Kastenwesen gegeben hat, stellt sich ein neues Gemeinschaftsgefühl auf natürliche Weise wieder ein. Unter einer Regierung, der sie Achtung entgegenbringen, werden die Fellachen und ihr Strom zu ungeahnten Leistungen fähig sein. Ein langer geschichtlicher Winterschlaf, der in der Abfolge der Dynastien und unter dem Druck imperialistischer Politik unaufhebbar schien, ist offenbar zu Ende gegangen. Der Ägypter ist sich wohl bewußt geworden, daß ein großes Erbe auf ihn wartet. Nach all dieser langen Zeit hat er verdient, daß es ihm zugute kommt.

Anmerkungen

1 Nachzulesen bei Philip Magnus, King Edward the Seventh, London 1964.

2 Die Daten für die dynastische Zeit stammen aus Hermann Kees ›Das Alte Ägypten. Eine kleine Landeskunde‹ (1961), ein unschätzbares Werk, dem das vorliegende Kapitel viel verdankt. Noch eine Generation zuvor lagen die Daten der Ägyptologen für die Reichseinigung und das Alte Reich um einige Jahrhunderte früher.

3 Solche den kleinen Papyrusnachen ähnlichen Boote gibt es heute noch auf dem Titicaca-See, wo die Indianer vom Stamm der Uri sie – ebenfalls in einem baumlosen Land – aus dem Totora-Schilf herstellen.

4 Wenn Tee mehrfach gekocht wird, entsteht eine dicke, schwarze Flüssigkeit mit narkotischer Wirkung.

5 Die chemische Analyse dieser vorgeschichtlichen ›Bitumen‹-Funde hat ergeben, daß es sich nicht um mineralisches Bitumen (Asphalt) handelt. Im übrigen wurde Bitumen erst in der Spätzeit gelegentlich im Zusammenhang mit der Mumifizierung festgestellt. Die wirkliche Mumifizierung läßt sich auch erst seit der 4. Dynastie nachweisen. (Die Übersetzerin)

6 Anspielung auf die im Mittelalter bis ins 18. Jahrhundert als Medizin und Aphrodisiakum verkaufte ›Mumie‹. Das vermutlich aus dem Persischen stammende Wort ist eine Bezeichnung für erdharzige Stoffe wie Asphalt, die man vermeintlich an den Mumien entdeckt zu haben glaubte. Tatsächlich wurden in Ägypten für die Mumifizierung vor allem Nadelholzharze verwandt. (Die Übersetzerin)

7 Der Autor steht hier in einer Tradition der Wertung religiöser Phänomene, die bis in die Antike zurückreicht, in der sich »Befremdung, Abneigung und spöttische Ablehnung angesichts der scheinbar so abstrusen Göttergestalten Ägyptens« bemerkbar machten. Am deutlichsten geht dies aus einem Dialog des Lukian (2. Jahrhundert n. Chr.) in ›Deorum concilium‹ (10–11) hervor: »Du aber, hundsgesichtiger und in Leinen gekleideter Ägypter, wer bist du eigentlich, mein Bester? Wie kommst du Wauwau dazu, ein Gott sein zu wollen? Und was denkt sich erst dieser gescheckte Stier aus Memphis, der sich göttlich verehren läßt, Orakel erteilt und Propheten hat? Ich schäme mich ja, von Ibissen, Affen, Ziegenböcken und anderem noch viel Lächerlicherem zu sprechen ... «. Bei Jean Paul klingt dies noch an: »Stückwerk aus Tierköpfen und Menschen-Torsos« (Die unsichtbare Loge, 1792) oder auch Goethe: »Nun soll am Nil ich mir gefallen, hundsköpfige Götter heißen groß ... «. Selbst in der Ägyptologie, in der sich die Diskussion bald auf die Gegenüberstellung Monotheismus-Polytheismus verlagerte, wobei der Monotheismus höher bewertet wurde, wird noch nicht lange der Ratschlag Schellings befolgt: » ... mit einem bloßen Geschmacksurtheil sind sie (die Götter) nicht hinwegzuschaffen; abscheulich oder nicht, sie sind einmal da, und weil sie da sind, müssen sie erklärt werden.«
Als eine besonders klare Darlegung des oben skizzierten Sachverhalts darf Erik Hornungs ›Der Eine und die Vielen‹ gelten. Anhand der Texte und Bilder des Alten Ägypten wird hier der Versuch einer Deutung ägyptischer Gottesvorstellungen unternommen: »Die Welt der vielen Götter ist versunken, niemand mehr wird dem Amun oder Zeus einen Stier opfern. Aber auch die gegenwärtige Welt des Einzigen muß nicht die endgültige sein. Jede entspricht einer Bewußtseinsstufe des Menschen und entzieht sich damit den Kategorien wahr/falsch.« (Die Übersetzerin)

8 So wie sich der Autor in der Beurteilung der ägyptischen Religion als ›Abendländer‹ zu erkennen gibt, der seine Sicht aus der geistesgeschichtlichen Tradition einer Offenba-

rungsreligion bezieht, stammt auch seine Bewertung der Kunst Ägyptens aus ästhetischen Kategorien, die die Klassik Griechenlands und die Kunst der Renaissance als Wertmaßstab voraussetzen. »Die Erkenntnis, daß eine Kunst sehr wohl an andern Normen ausgerichtet sein kann als an der ›Natur‹, ist für das Verständnis der ägyptischen Kunst von grundlegender Bedeutung .... Als sich in der Renaissance so etwas wie eine kunstgeschichtliche Betrachtung entwickelte, ging man, dem damaligen Zeitgeist folgend, von der selbstverständlichen Annahme aus, es sei Ziel und Aufgabe der Kunst, die Natur nachzuahmen. ... So wurde die Natur zur Wertnorm und die Erreichung des täuschenden Scheins, der Illusion, als das Nonplusultra künstlerischen Bemühens gepriesen. Erst gegen Ende des 19. Jahrhunderts erwies die historisch-kritische Stilanalyse die völlige Unhaltbarkeit dieser Auffassung, die nicht nur den Weg zum Verständnis der künstlerischen Erscheinungen der außergeschichtlichen Naturvölker, der alten Kulturvölker Ägyptens, Babyloniens und Altamerikas, der Griechen vor dem 5. Jahrhundert v. Chr., sondern auch des Abendlandes vor der Renaissance und schließlich des 20. Jahrhunderts notwendig verbaut und mit Begriffen wie Primitivität und Verfall die tatsächliche Lage verdunkelt hatte.« (Walther Wolf, Die Kunst Ägyptens, Stuttgart 1957, S. 65)

9 Zitiert nach Dorothea Russell, Mediaeval Cairo, London 1962, p. 179.

10 Siehe Dorothea Russell, op. cit. p. 56.

11 Zitiert nach Amelia Edwards, A Thousand Miles up the Nile, New York, 1877.

12 Der Erzähler der Geschichten aus Tausendundeiner Nacht gibt zwar vor, daß sich die Begebenheiten im Bagdad des Harun ar-Raschid abgespielt haben, aber in Wahrheit ist das Kairo der Fatimiden der Schauplatz.

13 Hierzu Gibbon in seiner prägnanten Art über die Essener in Palästina: » ... eine Gemeinschaft, die zurückgezogen lebte, unter Palmen am Toten Meer wohnte, ohne Geld auskam und sich ohne Frauen fortpflanzte. Aus der Weltverachtung

und dem Reuebedürfnis der Menschheit rekrutierten sich die Nachfolgenden in freiwilligem Entschluß.« Die Essener verschwanden zweihundert Jahre vor dem Aufkommen des christlichen Mönchswesens.

Literatur

Nachfolgend aufgeführte Werke haben Autor und Übersetzerin mit Gewinn benützt.

ERSTES KAPITEL

Das Land und der Reisende

Der Guide Bleu darf nach wie vor als bestes Handbuch bezeichnet werden, mit Nutzen zur Ergänzung: G. Posener, Lexikon der ägypt. Kultur, Nachdruck 1977, speziell für das Alte Ägypten. Ferner E. Brunner-Traut – Vera Hell: Ägypten, Kunst- und Reiseführer, 3. Aufl., Stuttgart 1978. Nagels Enzyklopädie-Reiseführer, Ägypten, Genf-München-Paris 1971. Teilweise veraltet, aber noch immer amüsant zu lesen und in den noch zutreffenden Passagen von größter Genauigkeit: Baedeker, Ägypten und der Sudan, letzte Aufl. Leipzig 1928.

Als Beschreibung Ägyptens aus der Zeit der Klassischen Antike sind die Bücher II und III aus Herodots Historien, Stuttgart 1955, zweifellos am ausführlichsten. Aus späterer Zeit sind die Reisebeschreibungen in J.-M. Carré, Voyageurs et Ecrivains Français en Egypte, 2 vols., Cairo 1932, zu nennen, sowie eine ausgewählte Bibliographie English Travellers in the Near East von Robin Fedden, Writers and their Work Nr. 97, British Council 1958. Gustave Flauberts Reisetagebuch (er war 1850 in Ägypten), Stuttgart 1963, und Lady Duff Gordon's Letters from Egypt (1862–9), London 1969, vermitteln einen Eindruck von den Fähigkeiten des versierten Reisenden. Zur Geschichte der Wiederentdeckung Ägyptens im 18. und 19. Jahrhundert mit ausführlichen Zitaten aus verschiedenen Reiseschriftstellern: Brian M. Fanagan, Die Schätze des Nil, München 1977. Neben L. Duff Gordon wäre als besonders lebendige Schilderung zu nennen: Amelia Edwards, A Thousand Miles up the Nile, London New York 1877; aber auch Richard Lepsius, Briefe aus

Ägypten, Äthiopien und der Halbinsel Sinai, Berlin 1852, und Walther Wolf, Funde in Ägypten, Berlin-Frankfurt-Zürich 1966.

ZWEITES KAPITEL

Die organisierte Oase

Zur Geschichte und Kulturgeschichte Ägyptens: Hermann Kees, Das Alte Ägypten, Eine kleine Landeskunde, 1961. Walther Wolf, Das Alte Ägypten, dtv-Monographien zur Weltgeschichte, München 1978 (mit Quellentexten). A. H. Gardiner, Geschichte des Alten Ägypten, Kröners Taschenausgabe 354, Stuttgart 1965; Michael Grant, The Ancient Mediterranean, 1969; Lionel Casson, Ägypten, Reinbek b. Hamburg 1973; Jürgen v. Beckerath, Geschichte des Alten Ägypten (Oldenbourgs Abriß der Weltgeschichte), München-Wien 1971; E. Brunner-Traut, Die Alten Ägypter, Verborgenes Leben unter Pharaonen, Stuttgart 1974. Zur Diskussion um die Frühzeit: Cyril Aldred, Egypt to the End of the Old Kingdom, London 1965; Dietrich Wildung, Die Rolle ägypt. Könige im Bewußtsein ihrer Nachwelt, Posthume Quellen über die Könige der ersten vier Dynastien, Ägyptolog. Studien 36, München 1969, und Imhotep und Amenhotep, München 1977; speziell zur Amarnazeit: C. Aldred, Echnaton – Gott und Pharao Ägyptens, 1973; C. Desroches-Noblecourt, Tut-ench-Amun, Berlin 1963.

VIERTES UND FÜNFTES KAPITEL

Die Bewohner des Landes und Das Leben im Dorf

W. S. Blackman, The Fellahin of Upper Egypt, London 1927; Amir Boktor, School and Society in the Valley of the Nile.

SECHSTES KAPITEL

Die Lebenden und die Toten

Siegfried Morenz, Ägyptische Religion in der Reihe: Die Religionen der Menschheit, Stuttgart 1960, Neuaufl. Köln-Wien

1975; Erik Hornung, Der Eine und die Vielen, Darmstadt, 2. Aufl. 1973 (ein konziser, gut verständlicher Diskussionsbeitrag zur Frage des Polytheismus-Monotheismus in Ägypten). Zur Veranschaulichung des ausgeprägten Kultcharakters der altägyptischen Religion am Beispiel zweier Gottheiten, Eberhard Otto, Osiris und Amun, Kult und Heilige Stätten, München 1966; zum Verständnis der ägyptischen Religion dient auch die Einführung des Katalogs der Ausstellung ›Götter, Pharaonen‹, Villa Hügel, Essen 1978.

Religiöse Texte sind zusammengestellt in vier Bänden von G. Roeder: Band 1: Die ägyptische Götterwelt, 1959; Band 2: Mythen und Legenden um ägyptische Gottheiten und Pharaonen, 1960; Band 3: Kulte, Orakel und Naturverehrung im alten Ägypten, 1960; Band 4: Der Ausklang der ägypt. Religionen mit Reformation, Zauberei und Jenseitsglauben; Bibliothek der Alten Welt, Zürich 1961.

SIEBENTES KAPITEL

Gebilde von Menschenhand

L. M. Phillips, The Works of Man (Nachdruck 1932) bietet eine sehr kritische, vielleicht zu kritische Betrachtung der Kunst und Architektur. Ursprünglich und anregend liest sich S. Giedion, The Eternal Present, vol. II (The Beginning of Architecture) 1964, dt.: Architektur und das Phänomen des Wandels. Die drei Raumkonzeptionen in der Architektur, Tübingen 1970. J. M. White, Everyday Life in Ancient Egypt, 1963, vermittelt Einsichten in Leben und Gedankenwelt der pharaonischen Epoche. Darüber hinaus A. M. Badawy, A History of Egyptian Architecture (From the Earliest Times to the End of the Old Kingdom, Cairo 1954, The Middle Kingdom. 1966, The Empire 1968) und weitere Standardwerke, u. a. Stevenson Smith, Art and Architecture of Ancient Egypt, 1958.

Einen umfassenden Überblick über das künstlerische Schaffen des alten Ägypten vermittelt: Das Alte Ägypten, Propyläen Kunstgeschichte Bd. 15, Berlin 1975, und Kurt Lange – Max

Hirmer, Ägypten, München 1978. Die Verbindung von Religions-, Kunst- und Kulturgeschichte stellt her: Wolfhart Westendorf, Das Alte Ägypten, Baden-Baden 1968.

Zum Verständnis der bildenden Kunst aber trägt nicht zuletzt die Kenntnis der Literatur bei: Adolf Erman, Die Literatur der Ägypter, (Gedichte, Erzählungen und Lehrbücher aus dem 3. und 2. Jahrtausend v. Chr.), Leipzig 1923; Leben im Altertum, Literatur, Urkunden, Briefe aus vier Jahrtausenden, hrsg. von den Staatlichen Museen zu Berlin, Papyrussammlung, 1977; ferner Meisterwerke altägyptischer Dichtung, übertragen von Erik Hornung, Zürich 1978.

ACHTES KAPITEL

Die Stadt Alexanders

Nach wie vor unübertroffen ist die Beschreibung des ptolemäischen Alexandria bei E. M. Forster: Alexandria, a History and a Guide, Alexandria 1938. In A. de Cosson, Mareotis, 1935 wird das Leben der untergegangenen Seebevölkerung der Mareotis geschildert. Darüber hinausgehend: H. I. Bell, Egypt from Alexander the Great to the Arab Conquest, 1948 und J. Marlowe, The Golden Age of Alexandria, 1971. Wilhelm Schubart, Ägypten von Alexander dem Großen bis auf Mohammed, Berlin 1922; C. D. G. Müller, Grundzüge des christlich-islamischen Ägypten, Darmstadt 1969 (unter Einschluß der Ptolemäergeschichte).

Die Atmosphäre Alexandrias vermitteln am lebendigsten nach wie vor die antiken Schriftsteller. Die dramatischen Vorgänge um die letzte Kleopatra z. B. bei Cassius Dio im 42. Buch seiner Römischen Geschichte. Lesenswert auch die Romane von Lawrence Durell, Justine, Balthazar, Clea, Mountolive, Hamburg 1960ff.

NEUNTES KAPITEL

Kairo, Großstadt des Mittelalters und der Gegenwart

Die beiden Bände von Marcel Clerget, Le Caire, Etude de Géographie Urbaine et d'Histoire Economique, Cairo 1934 stellen das Schlüsselwerk für die Erfassung der topographischen und wirtschaftlichen Entwicklung der mittelalterlichen Stadt dar. Das gleiche Thema behandelt etwas leichter faßlich S. Lane-Poole, The Story of Cairo (Mediaeval Towns Series), 1906. Einen Eindruck von der fortwährenden Ausstrahlung Kairos vermittelt E. W. Lane in Account of the Manners and Customs of the Modern Egyptians (von 1842, Everyman, London o. J.). Speziell zum christlichen Ägypten siehe E. L. Butcher, The Story of the Church in Egypt, 2 vols. 1897 und E. R. Hardy, Christian Egypt, New York 1952. Für die islamischen Denkmäler: K. A. C. Creswell, A Short Account of Early Muslim Architecture, Harmondsworth, Middlesex, England 1968 und Muslim Architecture in Egypt, 2 vols., Oxford 1952 und 1960 sowie E. T. Richmond, Moslem Architecture 623 to 1516, London 1926. Als bester Führer bewährt sich Dorothea Russell, Mediaeval Cairo, London 1962, aber auch R. L. Devonshire, Rambles in Cairo, 1920 und vor allem Some Cairo Mosques and their Founders, 1921, seien noch immer empfohlen. Eine gute Einführung in die Baukunst des Islam gibt Alfred Renz, Geschichte und Stätten des Islam von Spanien bis Indien, München 1977. Das mamlukische Kairo des ausgehenden 16. und frühen 17. Jahrhundert ersteht in naiv-detaillierten Beobachtungen bei Johann Wild, Reysbeschreibung eines Gefangenen Christen Anno 1604, Stuttgart 1964 oder bei Michael Heberer von Bretten, Aegyptiaca Servitus, Warhafte Beschreibung einer Dreijährigen Dienstbarkeit, Graz 1967.

ZEHNTES KAPITEL

Sand und Klöster

Der kühne Geist und die Ergebenheit der frühen Asketen werden veranschaulicht in The Desert Fathers, 1936 (Kommentar und Übersetzung aus den Vitae Patrum von Helen Waddell, vor allem als Korrektiv zur negativen Einschätzung bei Gibbon und Lecky. Zu den Klöstern im Wadi Natrun: Robert Curzon, Visits to Monasteries in the Levant, Nachdruck 1955 und Dorothea Russell, Mediaeval Cairo, London 1962, chap. 18: The Monasteries of the Wadi Natrun, 1962. Zur Geschichte des christlichen Ägypten und zur koptischen Kunst: K. Wessel, Koptische Kunst, Recklinghausen 1963, sowie der Katalog der Ausstellung Koptische Kunst, Christentum am Nil, Villa Hügel, Essen 1963. Caspar Detlef Gustav Müller, Grundzüge des christlich-islamischen Ägypten von der Ptolemäerzeit bis zur Gegenwart, Darmstadt 1969. M. Rostovtzev, Caravan Cities, 1932, beschreibt eingehend die Bedeutung des Karawanenhandels in den ersten nachchristlichen Jahrhunderten. A. C. Wood, History of the Levant Company, 1935, schildert den Niedergang des Karawanenverkehrs nach Eröffnung der Kaproute nach Indien. C. S. Jarvis, Yesterday and Today in Sinai, 1931 und Three Deserts, 1936, hat die Wüstengebiete Ägyptens in den letzten Jahrzehnten bevor das Auto das Kamel ablöste bereist. Ägyptische Wüste als Erlebnis beschwört Giuseppe Ungaretti, Reisebilder, Frankfurt/Main 1963 und Erhart Kästner in Das Zeltbuch von Tumilad, Frankfurt/Main 1976.

ELFTES KAPITEL

Das Volk und seine Herren

Außer den zuvor genannten Arbeiten zur Geschichte des alten Ägypten, des christl. und islam. Ägypten: H. Ziock, Ägypten, Kultur der Nationen 23, Nürnberg 1968, mit einem kurzen Rückblick und ausführlicher Geschichte der letzten Jahrzehnte vor 1968, und D. Wilber, United Arab Republic, Egypt. Its people, its society, its culture. New Haven 1969.

Hinweise für den Reisenden

Die Landschaft im Niltal

Abgesehen von den Marschseen wie Burullus und Mansala an der Mittelmeerküste in der Nähe der Nilmündungen ist die Deltalandschaft recht eintönig und im Vergleich zu allen übrigen Gegenden Ägyptens am uninteressantesten.

Die Landschaft des Niltales ist besonders anziehend »betwixt the desert and the sown«, am äußersten Rande des Grünstreifens mit kleinen Teichen und Brackwasserstellen, an denen sich unzählige Vogelarten niederlassen, namentlich im Frühling und Herbst, wenn die Zugvögel das Niltal passieren. (Dem Ornithologen speziell mögen The Birds of Britain and Europe with North Africa, Collins Taschenbuch, und die beiden Foliobände The Birds of Egypt von Meinertzhagen dienlich sein, letztere besonders zu empfehlen).

Der Karun-See und die ›Oase‹ Fayum (85 km südlich von Kairo) haben eine ganz eigene Note. Eine gute Straße führt dorthin, wo es ein paar Gasthäuser gibt, die weniger gut sind. Der See mit Flamingos und Wasserwild liegt zwischen der Wüste und dem Fruchtland und entfaltet seine volle Schönheit vor allem in der Morgendämmerung und bei Sonnenuntergang. Dem Besucher sei geraten, sich ein Ruderboot zu mieten und damit über den See zu fahren, um in der Nähe des jenseitigen Ufers den Tempel von Kasr es-Sagha zu besichtigen, der völlig einsam aus der Wüste aufragt: ein unvergeßliches Erlebnis. Die Oase selbst bietet eine üppige Vegetation, die Taubenhäuser sind hier besonders dekorativ gestaltet. Hügelketten mit kleinen

Schluchten umrahmen das Oasenbecken mit seinen zahlreichen Wasserläufen: ein Kontrast zur Landschaft des Niltales. Typisch nur für diesen Landesteil ist das Vorkommen einer Art kleiner Prachtfinken, der Senegali.

Die Bewohner des Landes

Das Verhalten der Bewohner des Landes sollte nicht nach den von den Touristen aufgesuchten Orten wie Memphis, Abydos oder Luxor beurteilt werden. Das Anbiedern und sonstige Unannehmlichkeiten, die an den Tourismuszentren verbreitet sind, dürfen nicht als charakteristisch für die Bevölkerung angesehen werden. Charme, Humor und Würde der Fellachen finden sich anderswo. Am besten besucht man mit einem ägyptischen Bekannten Gebiete, in denen die Menschen mit europäischen Gesichtern nicht so vertraut sind. Dort wird die Begegnung mit der Bevölkerung zu einer Erfahrung, die sich lohnt.

Gebilde von Menschenhand

Für den Beginn der pharaonischen Architektur ist Saqqara (33 km südlich von Kairo) mit der weitläufigen Begräbnisanlage des Djoser – herausragender Mittelpunkt die Stufenmastaba – kennzeichnend. Hier befindet sich der erste monumentale Steinbau der Welt, die ersten Versuche einer Säulenarchitektur.

Hier lag im 28. Jahrhundert v. Chr. die erste Hauptstadt. Die Djoseranlage verbindet in seltener Weise Zurückhaltung mit äußerster Ausgewogenheit und Eleganz der Architekturformen.

Auch für die Gattung des bemalten Reliefs, die wohl zu den höchsten künstlerischen Leistungen des Alten Ägypten zählt, ist die Nekropole von Saqqara Mittelpunkt. In den Gräbern der hohen Beamten, z. B. des Ti oder des Mereruka, ist bereits der Schwung der Linien und die Perfektion der Ausführung ausgebildet, die eintausend Jahre später in den Privatgräbern von Theben (Nacht, Menena und Ramose) in höchster Vollendung wiederkehren sollten. An Lebendigkeit und Ausdruckskraft stehen die königlichen Denkmäler häufig hinter denen ihrer Diener zurück.

Etwa einhundert Jahre trennen die Stufenmastaba des Djoser von den Pyramiden von Gise. Wahrscheinlich wird jeder Kairobesucher auch die Pyramiden von Gise und den Totentempel des Chephren, den einzigen erhaltenen Taltempel, der zu jedem Pyramidenkomplex gehörte, besichtigen. Es gibt jedoch am Wüstenrand von Kairo im Norden bis zum Fayum im Süden eine ganze Reihe mehr oder minder gut erhaltener Pyramiden, vor allem aus dem Alten Reich (2780–2300 v. Chr.). Einige dieser Stätten werden selten besucht und sind nicht so überlaufen wie die Pyramiden von Gise. So sei vor allem der Besuch von Medûm und Dahschur empfohlen.

Die Reise nach Luxor im Süden führt vom Alten Reich zur imperialen Phase der ägyptischen Geschichte (1570–1085), aus dem Zeitalter der Pyramiden in das der Felsgräber, von der Schlichtheit von Saqqara in den prunkenden Kult der Totentempel von Theben. Neue Aspekte der Architektur eröffnen sich: Sphinxalleen für die Prozessionen, massive Pylone als Tore zu den Tempelhöfen, Kolossalstatuen und Obelisken aus Rosengranit. Wenn hier auch alles auf Größe abzielt, so haben doch die unermeßlich reichen und energischen Erbauer des Neuen Reiches eine Reihe von Denkmälern hinterlassen, deren rein architektonischer Reiz jedem auffällt, so der Hof Amenophis' III. im Amuntempel von Luxor, der aparte Totentempel der Hatschepsut in Dêr el-bahri, die Säulenhalle des Ramesseums in Theben oder der Tempel Sethos I. in Abydos, um in diesem Zusammenhang den kleinen Tempel des Ptah in Karnak nicht zu vergessen, der in der Ptolemäerzeit restauriert wurde und der in einmaliger Weise das Schauspiel der Lichtwirkung verdeutlicht: ein einziges Lichtbündel von der Decke her erhellt magisch die Statue der Göttin Sachmet.

Funktion und Grundriß des ägyptischen Tempels, der in den Grundzügen vom Neuen Reich bis zur christlichen Epoche unverändert blieb, lassen sich wohl am besten anhand der Ptolemäertempel wie Edfu (auf halbem Wege zwischen Luxor und

Assuan) verdeutlichen: der ausgezeichnete Erhaltungszustand läßt Grundprinzipien wie die axiale Planung erkennen. Der abweisende Pylon führt in seinem Mitteldurchgang in den offenen Hof und weiter in eine furchteinflößende Säulenhalle und von dort in das Dunkel eines kleinen Sanktuars.

Das Ägyptische Nationalmuseum in Kairo kommentiert drei Jahrtausende pharaonischer Kultur. Das Durcheinander und die Überfülle verleihen dieser Sammlung einen Charme, der mancher aseptischen und wohlgeordneten Kollektion abgeht. Normalerweise wird der Besucher zuerst die Schätze des Tutanchamun aufsuchen, dennoch dürfte das Zeitalter des Echnaton mit Stücken aus Tell-el-Amarna den größten Eindruck hinterlassen. Kaum minder eindrucksvoll wirken Skulpturen des Mittleren Reiches. Vor allem aber überraschen inmitten der Idealbildnisse während der gesamten pharaonischen Geschichte immer wieder realistische Porträts nicht-königlicher Personen, die in ihrer Aussagekraft von tiefer Menschenkenntnis zeugen. Von den prädynastischen Gefäßen angefangen, vermittelt das Museum anhand der Kleinkunst aus allen Epochen einen nachhaltigen Eindruck vom handwerklichen Können der Ägypter und ihrem Einfühlungsvermögen in die Besonderheiten unterschiedlicher Materialien.

Die Stadt Alexanders

Alexandria ist niemals systematisch ausgegraben worden. Die Pompejus-Säule, das Theater, die Straße und die Bäder, die erst kürzlich freigelegt wurden: diese Stätten seien für die Besichtigung vorgeschlagen. Sie lassen jedoch nur einen verschwindend kleinen Teil der hellenistischen Stadt wieder auferstehen. Alles übrige muß die Phantasie beim Anblick der schaumbedeckten Wogen, des Mariût-Sees mit den Vögeln im Schilf und den melancholisch stimmenden schwarzen Fischerbooten auf flachem Wasser hinzufügen. Die Mareotis mit ihren einstigen Weingärten beschwören nur mehr die Frühlingsblumen herauf. Um eine blütenübersäte Küstenlandschaft und warme Strände vorzufinden, sollte der Besuch von Alexandria im späten Frühjahr oder Frühsommer stattfinden, während von einem Winteraufenthalt abzuraten ist.

Kairo: Großstadt des Mittelalters und der Gegenwart

Für eine Besichtigung des mittelalterlichen Kairo in aller Ausführlichkeit sollte auf Karten und Pläne in Dorothea Russell's ›Mediaeval Cairo‹ zurückgegriffen werden. Dort sind die Forschungsergebnisse von K. A. C. Creswell und anderen Experten verarbeitet. Für den deutschen Leser sei auf Alfred Renz, Geschichte und Stätten des Islam von Spanien bis Indien hingewiesen. Aus der Fülle der Denkmäler sei hier eine Auswahl vorgeschlagen:

Christliche Epoche: Alt-Kairo (Masr el-atika), das Koptenviertel und die Kirchen, namentlich St. Sergius, Sitt Barbara und ›die Hängende‹ el-Mo'allaka. Im Koptischen Museum befindet sich eine bedeutende Sammlung frühchristlicher Kunst.

Frühislamische Zeit: Moschee des Amr, Nilometer und Ibn Tulun.

Fatimidenzeit: Tore der Fatimidenstadt und folgende Moscheen und Gräber: al-Azhar, al-Giyuschi (auf der Mokattamhöhe oberhalb der Zitadelle), al-Hakim, al-Gafari, al-Akmar, Saiyda Atika, Saiyda Rukaya, el-Salih Talay. Bis auf die zuletzt genannte Moschee stammen alle Bauwerke aus der Zeit vor der Mitte des 12. Jahrhunderts.

Eyyubidenepoche und Mamlukenzeit: der Reichtum der erhaltenen Bauwerke und Denkmäler aus diesen Epochen dürfte kaum zu bewältigen sein. In eine Auswahl eingeschlossen sein sollten: die Zitadelle des Saladin mit der Moschee des an-Nasir; weiter die Kalifengräber, vor allem des Barquq, Barsbay und Qait-Bay; die Moscheen oder Medresen des Sultan Hassan, Saryetmisch, Qait-Bay, die ›Blaue Moschee‹ des Ak Sunkor, Imam asch-Schafi, al-Maridani, al-Moayyad, el-Ghori Qalaūn, an-Nasir, Barquq (letztere fünf im Basarviertel Chanel-Chalîli, wo sich auch der aus dem 14. Jahrhundert stammende Palast des

Otham Katchuda befindet). Zur Besichtigung empfohlen sei auch die Anlage der Bektaschi Derwische auf den Mokattam-Höhen.

Türkenzeit: gut vertreten in mehreren barock wirkenden Brunnen, in der Moschee des Mehemet Ali auf der Zitadelle und dem verfallenen Glanz des Schubra-Palastes. Wer sich für die Architektur aus der Zeit Edwards VII., König von England (1901–1910) interessiert, sollte einen Gang durch Heliopolis nicht versäumen. Eines der kuriosesten Bauwerke dort ist der Palast des Barons Empain, der sich von Angkor in Ostasien inspirieren ließ.

Das Museum für Islamische Kunst nimmt für Denkmäler aus der Epoche des Mittelalters in Kairo die gleiche Stellung ein wie das Ägyptische Museum für die pharaonische Zeit. Wichtig sind vor allem Fragmente aus der Tuluniden- und Fatimidenzeit, so etwa Friesteile des nicht mehr vorhandenen Fatimidenpalastes. Einmalig sind darüberhinaus die Metalleinlegearbeiten namentlich aus der Mamlukenzeit und die Moscheelampen aus Glas mit Emailmalerei.

Wer Gelegenheit hat, das mittelalterliche Kairo zur Zeit eines der großen religiösen Feste wie Mulid Saijida Senab oder Geburtstag des Propheten zu besuchen, sollte dies auf keinen Fall versäumen.

Sand und Klöster

Obwohl die Wüste von Motorisierten erobert worden ist, sollte man sich allein nicht mehr als einige Kilometer hinauswagen, es sei denn, die Fahrt fände mit zwei gut ausgerüsteten Wagen statt. Gute Reifen und ein Sonnenkompaß sind besonders wichtig. Mehr als einen Tagesmarsch zu Fuß von einer asphaltierten Straße entfernt kann eine Autopanne oder die zu enge Umarmung einer Sanddüne für den Einzelreisenden fatale Folgen haben.

Besonders eindrucksvoll gestaltet sich ein Ausflug zu einem Ausläufer des Großen Sandmeeres zwischen dem Niltal und der Oase Bahrîja, eine zwei- bis dreistündige Autofahrt von Kairo aus. Der majestätische Anblick der Sahara-Dünen wird sich unvergeßlich einprägen. Der vollkommen andere Charakter der Ostwüste mit Brunnen und Felsschluchten erschließt sich südlich der Hauptstadt. Von dem südlichen kairoer Vorort Me'âdi aus (13 km Entfernung) ist das Wadi Digla mit seinen versteinerten Wäldern zugänglich. Von Heluân aus (Entfernung von Kairo 35 km) gelangt man in das Wadi Hof. Im Gebiet des Wadi Risch-Rasch weiter südlich bekommt man gelegentlich noch Steinböcke zu sehen.

Die ungebrochene Tradition des koptischen Mönchstums veranschaulichen die Klöster im Wadi Natrun, das von der Wüstenstraße aus, die Kairo mit Alexandria verbindet, bequem zu erreichen ist. Aber auch entlang des Niltales, am Wüstenrand gelegen, sind zum Teil stark verfallene Klosterruinen zu besichtigen, so das Rote und das Weiße Kloster in Sohag auf dem Wege zwischen Assiut und Luxor. Die gut erhaltene Klosterruine von St. Simeon in Assuan liegt nur zwei Kilometer westlich der modernen Stadt in der Wüste und ist vom Mausoleum des Aga Khan aus leicht zu Fuß zu erreichen.

Chronologischer Überblick

Das Alte Ägypten

ca. *3000–2680* Frühdynastische Zeit oder Thinitenzeit: Reichseinigung von Ober- und Unterägypten, Gräber der 1. und 2. Dynastie in Abydos und Memphis.

ca. *2680–2200* Das Alte Reich: 3.–8. Dynastie, Reichshauptstadt in Memphis, Zeitalter der Pyramidenerbauer.

ca. *2000–1670* Mittleres Reich: Wiedervereinigung unter der 11. Dynastie, Blütezeit unter der 12. Dynastie, Kolonisierung des Fayum, Eroberung Nubiens.

ca. *1570–1085* Neues Reich: 18.–20. Dynastie, Zeitalter des Großreiches mit Eroberungen in Vorderasien; der Reichtum spiegelt sich im Glanz der Hauptstadt Theben; wachsende Macht der Priester. Um die Mitte des 14. Jahrhunderts führt Echnaton für kurze Zeit den Monotheismus in Amarna ein.

ca. *1085–332* Spätzeit: Ägypten wiederholt unter Fremdherrschaften. Hohepriester als Pharaonen (21. Dynastie); Libyerherrschaft (22. und 23. Dynastie); Äthiopenzeit (25. Dynastie).

663–525 Blütezeit der archaisierenden Saiten (26. Dyna-

	stie); Kambyses erobert Ägypten; wiederholt Aufstände gegen die Perserherrschaft.

Die Ptolemäer

332	Alexander der Große in Ägypten.
323–221	Aufstreben der neuen Hauptstadt Alexandria unter den ersten drei Ptolemäern.
150–30	Ägypten unter wachsendem Druck Roms; Tod der Kleopatra; Ägypten als persönlicher Besitz des römischen Kaisers annektiert.

Ägypten unter der Herrschaft von Rom und Byzanz

1. Jahrhundert	Gründung der Kirche von Alexandria unter Markus.
3. Jahrhundert	Christenverfolgungen unter Decius und Diokletian; erste Klostergründungen in der Wüste.
4. Jahrhundert	Christentum wird Staatsreligion. Beginn 300-jähriger theologischer Streitigkeiten.
ca. *326–73*	Athanasius, Patriarch von Alexandria, führt den Kampf gegen die Häresie des Arius an.
389	Schließung aller heidnischen Tempel durch Kaiser Theodosius.
444	Patriarch Dioskuros unterstützt die Monophysiten.
451	Der Monophysitismus, an dem der überwiegende Teil der Ägypter leidenschaftlich festhält, wird auf dem Konzil von Chalcedon verurteilt.

451–641	Das orthodoxe Byzanz unterdrückt in zunehmendem Maße die monophysitische Kirche und entfremdet die Ägypter dadurch der staatlichen Autorität, so daß die Bevölkerung den arabischen Eroberern im 7. Jahrhundert keinen nennenswerten Widerstand entgegensetzt.

Ägypten im Mittelalter und unter den Osmanen

632	Tod Mohammeds.
641–642	Amr erobert im Namen des Kalifen Omar, Zweiter in der Nachfolge des Propheten, Ägypten. Erbauer der Amr-Moschee.
661–750	Ägypten unter der Oberhoheit der Omayyaden-Kalifen von Damaskus.
750–868	Ägypten unter den Abbasiden-Kalifen von Bagdad.
868–969	Tuluniden und Ichschididen erklären Unabhängigkeit von Bagdad. Errichtung von al-Qatai und der Moschee des Ibn Tulun.
969–1171	Eroberung Ägyptens durch die Fatimiden; Errichtung von al-Kahira; Ägypten Sitz des Schiiten-Kalifats. Erste Invasion der Kreuzritter.
1171–1252	Saladin und die Eyyubiden-Dynastie erkennen nur mehr pro forma die letzten Kalifen von Bagdad an. Ägypten kehrt zur sunnitischen Orthodoxie zurück. Bau der Zitadelle und der Stadtmauern.
1252–1382	Bahritische Mamluken. Vertreibung der Kreuzritter aus Palästina; Mongolen werden abgewehrt. Kairo wird zur ›Stadt der Kuppeln‹ durch die Mausoleen des Baibars, Qalaūn, an-Nasir, Sultan Hassan u. a.

1382–1517	Tscherkessische Mamluken; Tamerlan wird besiegt. Letzte Meisterwerke mittelalterlicher Architektur in Kairo, darunter Qat-Bay und al-Ghori.
1517	Selim I. erobert Ägypten, das zur Provinz des Osmanischen Reiches wird.

Ägypten der Neuzeit

1798–1801	Expedition Napoleons.
1802–49	Regierungszeit von Mehemet Ali Pascha. Er erkennt formell die Oberhoheit der Pforte an und beginnt die Modernisierung des Landes.
1876	Finanzkrise. Engländer und Franzosen übernehmen fiskalische Kontrolle.
1882–1922	Britische Okkupation, Ägypten Protektorat.
1922–52	Königreich Ägypten. (Der Sultan besteigt als Fuad I. den Thron, 1937 folgt ihm König Faruk).
1952/53	Militärputsch, Abdankung Faruks, Ausrufung der Republik.
1956–70	Gamal Abdel Nasser Präsident.
1970	Anwar as-Sadat Nachfolger Nassers.

Die Abbildungen

Die Pyramiden (Seite 33–36)

1 Die drei Pyramiden von Gise am Rande der Westwüste südlich von Kairo: im Hintergrund die des Königs Cheops (heutige Höhe 137,2 Meter, einstige Höhe 146,6 Meter, bei einer Seitenlänge von rund 230 Meter: 440 ägyptische Ellen), in der Mitte die des Chephren (Höhe 136,4 Meter, einst 143,5 Meter), vorne die des Mykerinos (Höhe 62 Meter, einst 66,4 Meter) mit ihren drei kleinen Beipyramiden.

2 Feluke auf dem Nil mit dem Meereswind wie vor fünftausend Jahren stromaufwärts gegen Süden segelnd. Im Hintergrund die Pyramiden von Gise.

3 Blick von der Cheopspyramide auf Kamelführer und Besucher aus aller Welt.

Alt-Ägypten (Seite 61–76)

4 Blick in das Tal von Abydos, dem Begräbnis- und Kultplatz der 1. Dynastie (2955–25 v. Chr.) mit der die Geschichte Ägyptens beginnt, und das später zu einem Kultplatz des Osiris wird.
Schon in der 2. Dynastie (2925–2654 v. Chr.) gewinnt Saqqara als Begräbnisplatz Bedeutung und Memphis wird Hauptstadt des vereinigten Ober- und Unterägypten.

5 König Djoser, der mit seinem Baumeister Imhotep in Saqqara bei Memphis den ersten geschlossenen Grabbezirk mit einer Stufenpyramide erbaute. Kalkstein-Sitzstatue, mit Spu-

ren von Bemalung, 3. Dynastie (2778–2723 v. Chr.), Kairo, Ägyptisches Museum.

Die edle Steinarchitektur von Saqqara ahmt die einfache Flecht- und Lehmbauweise in Holz nach, Stein wird von jetzt an das Material für die Bauten der Unvergänglichkeit, die Tempel und Grabmäler, während die Wohnbauten stets einfache Holz- und Lehmbauwerke mit geflochtenen Matten bleiben. Imhotep war nicht nur der erste große Steinbaumeister der menschlichen Geschichte, er war zugleich Hoher Priester und ›Reichskanzler‹ (Wesir), Schöpfer der von nun an allgemein geltenden Reichsschrift und ein berühmter Arzt, so daß er Jahrhunderte später zum ›Schutzpatron‹ der Schreiber und Ärzte werden konnte.

6 König Cheops, der die größte der Pyramiden erbauen ließ. Elfenbein-Sitzstatue aus Abydos, 4. Dynastie (2723–2563 v. Chr.), Kairo, Ägyptisches Museum.

Die Cheopspyramide galt schon im Altertum als eines der Sieben Weltwunder und die Griechen hatten das Sprichwort »Die Zeit vergeht, die Pyramiden bleiben«. Für sie lag die Erbauungszeit ungefähr soweit zurück, wie für uns die Erbauungszeit der Akropolis in Athen. Die aus hochpoliertem Kalkstein bestehende Verkleidung war leicht konkav gearbeitet, so daß die Dreiecke der Pyramiden in der Sonne einst wie blitzende Spiegel wirkten. Die Anlagen im Innern der beiden Pyramiden seiner Söhne Chephren und Mykerinos sind verschieden, ebenso die Neigungswinkel, die Gründe für die Veränderungen sind nicht bekannt. An der Spitze der Chephrenpyramide haben sich stark verwitterte Reste der alten Verkleidung erhalten. Als Herodot über die Pyramiden schrieb, war Ägypten bereits – ebenso wie seine Heimatstadt Halikarnassos – eine persische Satrapie.

7 Mann mit Kamel vor der Sphinx von Gise auf dem Weg vom Taltempel des Chepren zu den Pyramiden.

Außer der zwanzig Meter hohen Großen Sphinx von Gise gab es unzählige kleinere, deren Geschlecht wechselt, so daß ebenso auch ›Der Sphinx‹ gesagt werden kann.

8 Kopf der Nofret, Frau des Prinzen Rahotep, der General und Hoher Priester von Heliopolis war. Kalkstein-Sitzstatue, bemalt, Augen aus trübem und klarem Quarz eingelegt, 4. Dynastie (2723–2563 v. Chr.), Kairo, Ägyptisches Museum.
Als Frau des Prinzen Rahotep, der wahrscheinlich (wie Cheops) ein Sohn des Pharao Snofru war, gehörte Nofret zum engsten Kreis des Königs.

9 Kopf eines Schreibers aus Saqqara, Kalkstein-Sitzstatue, bemalt, Augen kunstvoll in eine kupferne Lidfassung mit Bergkristall eingelegt, das Weiße des Auges ist aus Alabaster, die Pupille ein Bronzenagel, 5. Dynastie (2563–2433 v. Chr.), Kairo, Ägyptisches Museum.
Ein ›Schreiber‹ war in dieser frühen Zeit in erster Linie ein ›Schriftgelehrter‹, meistens ein hoher Beamter, ein ›Staatssekretär‹, der sich solcherart, mit einer kleinen Demutsgeste gegenüber den ›Göttern‹ dargestellt wissen wollte.

10 Vorführen der Herden. Kalksteinrelief mit Resten von Bemalung an der Ostwand der Opferkammer in der Grabmastaba des Ptahhotep, 5. Dynastie (2563–2423 v. Chr.).
Dem Gutsherrn werden seine Herden vorgeführt, oben die Rinder, unten Kraniche und Gänse.

11 Amenophis, Oberster am Hofe des Königs in Memphis, und seine Gattin May bei einer Festgesellschaft. Relief im Grab seines Bruders Ramose in Theben, 18. Dynastie, um 1365 v. Chr.

12 Tänzerinnen bei akrobatischen Tänzen zum Jubiläumsfest Amenophis III. Kalksteinrelief im Grab des Cheruef, Theben, 18. Dynastie, um 1365 v. Chr.

13 Sen-Nedjen und seine Frau bei Feldarbeiten, oben Re-Harachte in der Sonnenbarke von zwei Pavianen angebetet. Malerei im Grab des Sen-Nedjen, Theben-West, Deir-el-Medine, 20. Dynastie, (1186–1085 v. Chr.).

14 Eingangsfassade des großen Felsentempels Ramses II. (1290–1224 v. Chr. in Abu Simbel, nördlich des fruchtbaren Wadi Halfa beim Zweiten Katarakt.

15 Luxor, Amun-Mut-Chons-Tempel, Großer Hof Ramses II. (1290–1224 v. Chr.), 19. Dynastie.

16 Tor des Tempels des Ptolemaios III. Euergetes I. (246–221 v. Chr.) in Karnak.

Im Niltal (Seite 109–112)

17 Blick auf die beiden geretteten Felsentempel Ramses II. von Abu Simbel mit dem durch den Assuan-Damm gestauten Nil.

18 Anlegestelle bei Assuan zur Überfahrt nach Elephantine.

19 Wasserschöpfrad (Sakija) am Nil zwischen Luxor und Assuan. Das Wasser läuft in einen auf der rechten Seite sichtbaren Graben, der unterirdisch das dahinterliegende Tal bewässert.

Am Rande des Fruchtlandes (Seite 137–144)

20 In einem Dorf der Großoase Fayum

21 Beduinen am Rande des Fruchtlandes bei Abu Simbel. Von hier aus erstreckt sich die Sahara, die westliche Sandwüste, rund fünftausend Kilometer nach Westen bis zum Atlantik, die bergige Ostwüste rund fünfhundert Kilometer bis zum Roten Meer.

22 Wasserträgerinnen in einem Dorf bei Theben, links ein Scheichgrab

23 Alter Mann in Esna. Wo das Leben so hart und einfach ist wie hier, ist die Würde des Alters größer als in den Städten.

24 Markttag in Darau

25 Taubenhäuser in Darau

Die Menschen im Niltal (Seite 161–168)

26 Fellache bei der Feldarbeit. Hinter dem Kanal das Dorf und der Nil

27 Auf einem Nilschiff das Tonkrüge transportiert

28 Fellachen mit Kühen unterwegs

29 Fellachenfamilie

30 Mahlzeit auf dem Felde, im Hintergrund der Nil

Spätantike und Christentum (Seite 201–208)

31 Alexandrinerin. Terrakotta, bemalt, um 250 v. Chr. Alexandria, Museum.
»Im dritten Viertel des 4. vorchristlichen Jahrhunderts entstanden im böotischen Tanagra unter dem Einfluß der attischen Großplastik anmutige Frauenstatuetten, die bereits bald darauf außerhalb Griechenlands nachgeahmt und variiert worden sind.
Auch in Alexandria, der neuen griechischen Hauptstadt des Nillandes, wurden diese reizvollen ›Tanagräerinnen‹, deren eigentliche Bedeutung als Grabbeigaben noch immer nicht befriedigend geklärt werden konnte, nach böotischen Typen gefertigt. Vor allem im 3. Jh. v. Ch. schmückten sie die Gräber der Alexandriner, wie zahlreiche Funde aus den großen frühhellenistischen Nekropolen im Osten der Nilmetropole – aus Schatbi, Hadra und Ibrahimieh – bezeugen.
Mantel und Chiton, die bis auf die Füße herabfallen, verhüllen zwar den Körper vollständig, das Bewegungsmotiv jedoch – bestimmt durch den Kontrapost – bleibt deutlich erhalten. Während der linke Arm zur Hüfte geführt wurde und dort mit dem Handrücken aufliegt, folgt der rechte, durch die straff gezogenen Himationfalten durchschimmernde Arm in seiner Bewegung einer diagonalen Faltenpartie, die sich von der linken Hüfte zum rechten Oberschenkel zieht. Das anmutige Gesicht, mit runden, goldenen Ohrringen und einer für den Frühhellenismus charakteristi-

schen Melonenfrisur, ist durch einen breiten Kranz mit Efeublättern geschmückt.«
(Zitiert nach Dr. Dietrich Wildung, Katalog der Ausstellung ›Götter – Pharaonen‹, Villa Hügel, Essen 1978)

32 Frau aus der Oase Fayum. Mumienbildnis, 1. Jahrhundert n. Chr., Kairo, Ägyptisches Museum.
Nach der Errichtung einer griechischen Kolonie im dritten vorchristlichen Jahrhundert in der Oase Fayum wuchs die Zahl der dort ansässigen Griechen stetig, später gesellten sich Römer dazu, die zusammen eine griechisch-römische Gesellschaft bildeten. Die Bestattung folgte jedoch dem ägyptischen Brauch der Mumifizierung, nicht dem der Urnengräber wie sie damals in Griechenland üblich war und auch vor dem Christentum (das die Leichenbestattung einführte), weitgehend in Alexandria. Der obere Teil der Mumie war von einer bemalten Stuckmaske, bemalter Leinwand oder in Tempera- oder Enkaustiktechnik bemalten Holztafeln bedeckt, die das lebenswahre, meist von großem Realismus gezeichnete Bild der Toten bewahrten. Ob die Maler griechische oder ägyptische Künstler waren, ist umstritten. ›Ägyptisch‹ an diesen Porträts ist jedenfalls ihre Frontalität und die starke Betonung der Augen.

33 Mann aus Philadelphia, Oase Fayum. Mumienbildnis, 1. Jahrhundert n. Chr., Kairo, Ägyptisches Museum.
Im 3. Jahrhundert v. Chr. errichtete Ptolemaios Philadelphos bei dem heutigen Dorfe Rûbiyat in der Oase Fayum die Garnison Philadelphia, aus der sich im Laufe der Zeit eine griechisch-römische Siedlung entwickelte. An ihrem Begräbnisplatz entdeckte man im Jahre 1900 zahlreiche Mumien.

34 Die bis zu zweitausend Meter aufsteigenden Berge der Ostwüste. Blick ins Wadi Hammamat, das mit etwa zweihundert Kilometern Länge die kürzeste Verbindung vom Nil zum Roten Meer ist, jahrtausendelang viel benützte Karawanen- und Pilgerstraße.

35 Eva und Adam unter dem Baum der Erkenntnis. Fresko aus

der zerstörten Kirche von Om Beregate in der Oase Fayum, 8.–9. Jahrhundert, Kairo, Koptisches Museum.

36 Christi Geburt und die Ankunft der Hl. Drei Könige. Geschnitzte Holztafel der Ikonostasis der heute zerstörten Kirche von Abu Sarga (St.Sergius), 7.–8. Jahrhundert. Hier soll nach der Legende die Hl. Familie bei ihrer Flucht nach Ägypten gewohnt haben. Kairo, Koptisches Museum.

Klöster, Gräber und Moscheen (Seite 233–236)

37 Im Kloster des hl. Antonius in der Ostwüste, nahe dem Roten Meer.
Antonius war der Sohn reicher Eltern, die früh starben. Mit achtzehn Jahren verschenkte er sein Vermögen und ging als Eremit in die Wüste, die nach ägyptischer Auffassung Aufenthaltsort unzähliger Dämonen war. Sie bilden den Hintergrund für die vielen Darstellungen der ›Versuchung des hl. Antonius‹ von Grünewald bis Dali. Schon nach zwei Jahren wurde die Zahl der Menschen, die den jungen Eremiten besuchen und sehen wollten, so groß, daß er sich bis ans Rote Meer zurückzog, wo er ein kleines Kloster gründete und 356 n. Chr., hochberühmt bei der ganzen Christenheit, im Alter von 110 Jahren starb.

38 Die islamische Nekropole von Minia mit ihren tausenden von Kuppeln, unweit des Nils am westlichen Rande der grünen Felder. Die Räume selbst sind leer, denn die Toten ruhen unter dem Fußboden. Sie lassen den Lebenden genügend Raum zu Gespräch und Gebet, ähnlich wie die Moscheen.

39 Blick über den Amr-Friedhof auf die Kuppeln der Moscheen von Alt-Kairo

Kairo, Stadt des Mittelalters und der Gegenwart (Seite 245–254)

40 Blick auf die Zitadelle mit der Alabastermoschee Mehemet Alis aus dem 19. Jahrhundert, die ähnlich wie Sacré-Cœur in Paris einen schönen Blick über die Stadt gewährt.

Abbildungsnachweis

Bryon-Moore (Agentur Dr. Höß, München) 18, 19, 16 – A. Costa, (John Murray Edition, London) 23 – Tor Eigeland (Susan Griggs Agency, London) 2 – Klaus D. Francke, Hamburg 12, 14, 15, 20, 21, 22, 24, 25, 34, 40, 41 – Hirmerfotoarchiv, München 5, 6, 8, 9, 10, 11, 13 – Thomas Höpker, München 7, 44, 45, 46 – Dr. D. Höß, München 3 – Ihrt (Stern-Archiv, Hamburg) 1, 17, 27, 29, 38 – Dieter Johannes, Kairo 31 – Eugen Kusch, Schwarzenbruck 32, 33, 35, 36, 42, 43 – Marmounier (Librairie Arthaud, Paris) 16 – John G. Ross (Susan Griggs Agency, London) 28, 30 – C. Skrein/M. Epp (Zentrale Farbbild Agentur, Düsseldorf) 37 – Dr. Dietrich Wildung, München 4 – Adam Woolfitt (Susan Griggs Agency, London) 39.

Register